新视野
学术论著丛刊

高校体育
与壁球技术训练研究

赵丰超 —— 著

中国书籍出版社
China Book Press

图书在版编目（CIP）数据

高校体育与壁球技术训练研究 / 赵丰超著. —— 北京：中国书籍出版社，2021.8

ISBN 978-7-5068-8659-8

Ⅰ.①高… Ⅱ.①赵… Ⅲ.①壁球运动-教学研究-高等学校 Ⅳ.① G849.52

中国版本图书馆 CIP 数据核字 (2021) 第 177908 号

高校体育与壁球技术训练研究

赵丰超　著

图书策划	尹　浩　李若冰
责任编辑	李　新
责任印制	孙马飞　马　芝
封面设计	闽江文化
出版发行	中国书籍出版社
地　　址	北京市丰台区三路居路 97 号（邮编：100073）
电　　话	（010）52257143（总编室）（010）52257140（发行部）
电子邮箱	eo@chinabp.com.cn
经　　销	全国新华书店
印　　刷	天津和萱印刷有限公司
开　　本	710 毫米 ×1000 毫米　1/16
字　　数	212 千字
印　　张	16.25
版　　次	2021 年 8 月第 1 版　2021 年 8 月第 1 次印刷
书　　号	ISBN 978-7-5068-8659-8
定　　价	52.00 元

版权所有　翻印必究

前言

体育，这一人类社会文化现象早已渗入人们的生活，成为现代人生活中不可缺少的内容。可以这样说，凡是有人类的地方就有体育。伴随着现代体育运动的兴起与发展，人们对体育的理解也不断加深。而壁球作为室内运动项目，不受季节和天气的限制，简单易学，运动强度大，竞技水平高，娱乐性、趣味性、消遣性强，是一项有益于身心的体育运动，非常适合年轻人，同样也适合普通高校的大学生。

本书通过理论与实践相结合的方式，借助通俗易懂的语言、系统明了的结构、全面丰富的知识点，对高校体育与壁球技术训练进行研究，全书在内容安排上共设置七章：第一章阐释高校体育的理论基础，内容包括体育概念的来源与演变、体育的本质与目的、体育的价值与功能解析、高校体育与现代社会发展、高校体育教师与学生的互动及发展；第二章论述高校体育锻炼与健康常识，内容涉及体育锻炼与营养补充、体育锻炼与心理健康、体育锻炼与卫生保健、运动损伤的预防及处理、体育锻炼与身体素质、大学生体质健康评价；第三章围绕高校体育教学设计的基本原理，高校体育教学环境及其设计优化，高校体育教学内容、方法与手段的优化，高校体育校企合作的实践与探索展开研究；第四章以壁球运动的起源与发展、壁球运动的特点与价值、壁球运动的场地与器械装备为基础剖析高校体育教学开设壁球课程的可行性；

第五、六章围绕击球、接发球研究壁球运动技术与训练；第七章探索壁球运动的战术与比赛规则。本书具有科学性、系统性、全面性、实用性等特点。

笔者在撰写本书的过程中，得到了许多专家学者的帮助和指导，在此表示诚挚的谢意。由于笔者水平有限，加之时间仓促，书中所涉及的内容难免有疏漏之处，希望各位读者多提宝贵意见，以便笔者进一步修改，使之更加完善。

作者

2021 年 6 月

目 录

第一章 高校体育的理论基础 ·· 1
  第一节 体育概念的来源与演变 ·· 1
  第二节 体育的本质与目的 ·· 6
  第三节 体育的价值与功能解析 ······································· 10
  第四节 高校体育与现代社会发展 ····································· 24
  第五节 高校体育教师与学生的互动及发展 ····························· 25

第二章 高校体育锻炼与健康常识 ·· 36
  第一节 体育锻炼与营养补充 ··· 36
  第二节 体育锻炼与心理健康 ··· 50
  第三节 体育锻炼与卫生保健 ··· 60
  第四节 运动损伤的预防及处理 ······································· 66
  第五节 体育锻炼与身体素质 ··· 75
  第六节 大学生体质健康评价 ·· 101

第三章 高校体育教学设计与效率优化 ··································· 112
  第一节 高校体育教学设计的基本原理 ································ 112
  第二节 高校体育教学环境及其设计优化 ······························ 146
  第三节 高校体育教学内容、方法与手段的优化 ························ 162

第四节　高校体育校企合作的实践与探索 ……………………174

第四章　壁球运动及高校体育教学开设壁球课程可行性 ………178
　　第一节　壁球运动的起源与发展 ………………………………178
　　第二节　壁球运动的特点与价值 ………………………………183
　　第三节　壁球运动的场地与器械装备 …………………………186
　　第四节　高校体育开设壁球课程的可行性分析 ………………191

第五章　壁球运动技术与训练——击球 …………………………193
　　第一节　击球的基础知识 ………………………………………193
　　第二节　击球的动作结构 ………………………………………199
　　第三节　击球的主要方式 ………………………………………201
　　第四节　击球的常用方法 ………………………………………202

第六章　壁球运动技术与训练——接发球 ………………………207
　　第一节　壁球运动的接球技术 …………………………………207
　　第二节　壁球运动的发球技术 …………………………………209
　　第三节　壁球运动的练习与训练 ………………………………212

第七章　壁球运动战术与比赛规则 ………………………………223
　　第一节　壁球单打比赛战术 ……………………………………223
　　第二节　壁球双打比赛战术 ……………………………………231
　　第三节　壁球运动的单打规则 …………………………………236

参考文献………………………………………………………………251

第一章 高校体育的理论基础

第一节 体育概念的来源与演变

一、体育概念的起源

"体育"一词,据世界体育资料记载,最早是法国人于1760年在法国报刊上论述儿童身体教育问题时使用的。1762年,卢梭出版了《爱弥尔》一书。他使用"体育"一词描述对爱弥尔进行身体养护、培养和训练等身体教育过程。由于这本书激烈地批判了当时的教会教育,因而在当时引起很大反响,"体育"一词也在世界各国流传开来。也就是说,"体育"一词的最初产生是源于"教育"一词,最早的含义指教育体系中某一专门领域。到19世纪,世界上教育发达的国家普遍使用"体育"一词。现在,国际上普遍使用的"体育"一词,其英文是"Physical Education",其本义指以身体活动为手段的教育,直译为身体教育,简称为体育。

关于现代汉语中"体育"一词的来源,目前公认的说法是,在古汉语中,"体"和"育"都是常用字,但并不存在作为身体文化核心概念的"体育"一词。"体"字和"育"字连用的情况在古汉语中也能偶尔见到，但与今天的"体育"概念完全不同，或者说古代汉语中根本不存在现代意义上的"体育"一词。

19世纪中叶，德国和瑞典的体操才传入我国，随后清政府在兴办的"洋学堂"中设置了"体操课"。我国是约百年前才从国外引进"体育"一词，"体育"一词刚进入中国时，其使用也远不如"体操"一词广泛，然而在清末中西文化碰撞、新旧势力交替的特定历史背景下，在美国实用主义教育学说和现代学校体育理论的影响下，由于以"体育"代替"体操"更能顺应整个教育话语体系变化，更容易被社会各个阶层接受，因此，北洋政府于1922年颁布了"新学制"（即壬戌学制），以教育部通令的形式，实现了学校"体操"课改为"体育"课的历史变革。学校"体育"课的内容也由先前的普通体操、兵式体操改为田径、球类、徒手操、技巧运动和游戏等。此后，"体育"这个术语逐渐被国人接受，并在当时教育界产生广泛影响，成为中国学校体育教育理论成长的主要资源，并被纳入教育理论的话语体系。此时，"体育"的含义仅为"肉体之锻炼"。

中华人民共和国成立后，"体育"或"体育运动"被作为体育的总概念或第一上位概念。"体育"有广义和狭义之分，体育理论界对"体育"的定义有不同观点，目前比较普遍且较有群众基础的观点是，根据人类社会生活需要，依据人体生长发育、动作技能形成和机体机能提高的规律，以身体练习为基本手段，达到发展身体、增强体质，提高运动技术水平、丰富社会文化生活的一种有意识、有目的、有组织的社会活动，及其在人类社会发展中形成的全部财富。我国现代体育基本上由大众体育（群众体育、社会体育）、竞技体育、学校体育三方面组成。

随着国际交往的扩大，体育事业发展的规模和水平已是衡量一个国家、社会发展进步的一项重要标志，也成为国家间外交及文化交流的重要手段。体育又可分为大众体育、专业体育、学校体育等种类，包括体育文化、体育教育、体育活动、体育竞赛、体育设施、体育组织、体育科学技术等要素。

二、体育概念的发展演变

（一）古代体育概念的演变

体育的产生可以追溯到原始社会时期，但是体育概念的出现却晚于体育的产生，直到近代才出现。也就是说，在古代，无论中国和外国都没有现代这样明确而完整的体育概念。

1. 古希腊的体育概念

古希腊是近代欧洲体育的发源地。古希腊人盛行以养生健身为目的的实践活动，其内涵与体育相同。公元前10世纪前后的《荷马史诗》中记载了大量葬礼竞技和宴会竞技活动。

公元前5世纪至前4世纪，希腊哲学家、思想家和教育家柏拉图的《理想国》《对话》和亚里士多德的《政治学》都谈论了有关体育的问题。体育在古希腊人的生活中有着重要地位，在古希腊文献中，有关体育的最基本术语有 Athletics（竞技、运动）、Training（训练、尚武教育）、Gymnastics（体操、竞技教练）等。在这些术语中，"竞技"一词大约产生于古希腊原始社会末期，公元前10世纪前后已广泛使用，"体操"一词产生于公元前6世纪至前5世纪。

古希腊的"体操"是一切健身运动的总称，古希腊建造了能够进行跑、跳、投掷、拳术、角力等活动的场地设施——"体操馆"。柏拉图的《理想国》称"体操"为"身体训练的理论和方法体系"。

古希腊的"体操"也是当时教育的一个重要组成部分。亚里士多德著文指出：希腊初级学校的"基础课目常常是四门，即读、写、体操和音乐，有些更是加上绘画"，"体操通常都借以培养勇毅的品德，体操有助于健康并能增强战斗力量"。

从上述表述可以看出，古希腊的"体操"同今天的"体育"在概念上十分接近，都包含有身心两个方面的教育意思。在古希腊的文献中，把"体操"与"竞技"作为并列的两个概念进行使用。亚里士多德则反对专门的竞技操练，主张把竞技作为体操手段，但是"体育"概念与"体操"和"竞技"概念还有差别。今天的体育（广义）可以包括竞技运动且更为丰富。

2. 中国古代体育的类似概念

在中国古代，没有"体育"一词。中国奴隶社会的体育只是感知阶段的体育，萌生出的体育活动都从属于其他活动，如"射"被当作"礼"教与"礼"治的手段，"御"、"武舞"、"射猎"、兵器操练等被当作军事操练和熟悉兵法、阵法的手段；学校教育中的"射""御""舞蹈"等，则是体育存在的雏形。这一阶段的体育，处于体育的萌芽状态。

封建社会的体育则逐渐形成"养生之道"的体育"自觉意识"，对体育的目的和作用有了进一步认识，于是出现与体育、体操等相类似的概念，如"养生"与狭义的"体育"相类似，"养形""导引"与狭义的"体操"或"身体练习"相类似，"习武""尚武"与"军事体育训练"相类似，"劳动""运动"与"身体活动"相类似。

各种体育活动之间缺乏内在的社会联系，因而未能形成一个相对独立的有机统一体以及与之相关的理论与方法体系。虽然从局部看，武术、养生、导引、球戏、棋戏等体育活动各有其完整体系，但未出现一个可以概括所有体育活动的概念或术语。

上述概念反映了中国古代体育更注重体现精神方面的重要特色。

（二）近代体育概念的演变

1. 近代国外的体育概念

（1）近代美国体育概念的演变

美国体育概念的内涵经历了一个发展和变化的历程。1919年，美国教育界和体育界展开了关于体育目标的广泛讨论。通过这场讨论，逐步建立起"体育是以身体活动为手段的教育"这一概念，划清了"体育"和"体操"两个概念的界限。此后，"体操"仅仅作为一个运动项目名称。

（2）近代日本体育概念的演变

日本在1868年使用"体操"一词，来自欧洲"Gymnastics"，被译成"体术""体学""锻炼法"，1873年统一命名为"体操"。学校中的课程命名为"体操课"，后来传入中国；1876年，日本学者近藤镇三在《独逸教育论抄》中将"身体教育"译成"体育"；1882年，横井琢磨出版了《体育书》；1886年，"大阪体育会"成立，同年，近藤镇三又在日本《教育杂志》第52号、《教育新志》第7号上连续使用"体育"一词。到1887年，在日语中正式使用"体育"一词，并逐渐为人们所接受。

2. 现代中国的体育概念

从"体育"一词最初传入我国直至新文化运动以前，并不为人们所熟知，并且在20世纪30年代以前，"体育"一词也没有教育的含义。1933年，上海商务印书馆出版的《体育概论》，是探讨20世纪初期体育概念在中国演变的历史文献，其中对体育进

入中国后其含义的变迁做了详细介绍,将20世纪30年代之前中国体育概念的演变划分为如下五个阶段:

第一阶段,1890—1900年,体育就是"体操"(Drill);

第二阶段,1900—1910年,体育就是"运动"(Athletics);

第三阶段,1910—1920年,体育就是"游戏"(Play);

第四阶段,1920—1930年,体育就是"健康"(Health);

第五阶段,1930年之后,体育就是"教育"(Education)。

从上述研究可以看出,20世纪30年代以后,我国才出现了体育是"身体教育"、"体育是以身体活动方式之教育"的表述。

第二节 体育的本质与目的

一、体育的本质分析

体育的本质指体育本身特有的不同于其他事物的根本属性。体育本质虽属抽象的体育原理问题,但在现实的体育实践中处处都有其体现。从宏观上看,对体育本质的不同认识直接影响体育目标的确立,体育内容和方法的选择,体育发展战略和各项体育方针、政策的确定以及体育投入等;从微观上看,对体育本质的不同把握,将直接影响人们体育观的形成。因此,认真研究和明晰体育本质,对树立科学体育观具有重要意义。

(一)体育的物质前提和最终归宿是人

首先,人的有机体是运动的物质前提。人是一种有生命的自然存在物和社会存在物。人的有机体是运动的载体，离开有机体以及有机体的基本活动能力，人的运动便不复存在。

其次，体育是人创造的。人是能动的自然存在物，人类为了满足自身生存、发展需要而从事各种实践活动，并创造出丰富多彩的文化现象。体育是人类有意识、有目的地创造出的有关身体运动的文化现象。

最后，体育是为人创造的。在人类创造的所有文化现象和各种活动中，"体育"具有鲜明的"为我性"特征。体育是人类针对自身所创造出的一种身体运动文化。体育的目的直接指向"人类"自身（身心）的发展问题，体现"以人为本"。

（二）体育的手段、内容和外在表现形式是身体运动

各类身体运动（项目）共同构成体育的内容和外在表现形式。身体运动分为有意识的身体运动和无意识的身体运动，而有意识的身体运动包括运动系统的身体运动和其他系统的身体运动。

身体运动由身体姿势、身体运动轨迹、身体运动时间、身体运动速率、身体运动速度、身体运动力量、身体运动节奏等要素构成。人在参与各种身体运动（空间位移或内部代谢加强）的过程中达到独特的目的。

二、体育的目的

人类社会的各种活动都是有意识、有目的的活动，是人类社会活动和其他生物界活动的根本区别。体育作为一种人类特有的社会文化现象，和人类的其他社会活动一样，自古以来具有明确的目的性。体育目的是规定体育要实现的结果或要达到的标准。体育目的是体育活动的出发点和依据，也是体育活动的归宿。体

育目的决定体育方向，规定体育进程，以期获得最佳效果。

体育目标明确后，体育才能有组织、有计划、有系统地向着预定目标进行。体育目的具有对体育活动的定向功能、调控功能、评价功能。不同社会，依据不同标准，对体育目的的划分也不尽相同。

（一）体育目的的界定

体育目的是人们在从事体育活动和体育锻炼过程中，自身期望所要实现的结果或要达到的标准。体育目的强调的是未来，着重有预定的指示，制约着体育内容、体育计划、体育过程及体育结果等方面，决定体育的方向，规定体育的进程，希望获得最佳效果。没有体育目的就没有体育活动，有什么样的体育目的就有什么样的体育活动。对于体育目的的确定，有助于体育活动有组织、有计划、系统地向预定目标前进。体育目的贯穿体育实践全过程。在体育实践前要预定体育目的，在体育实践过程中要实施和检查体育目的，体育实践的最终结果是达到体育目的。

体育目的具有对体育活动的定向功能、调节功能、评价功能。人类社会发展到现在，具有丰富的体育文化内容，需要根据体育目的进行选择。体育活动不是一种随意活动，而是在一定价值观指导下的一种选择性活动。确定体育目的，就是在体育活动中对人类的体育文化作价值性取舍。

（二）确定体育目的的依据

体育目的虽然是人们在观念上预先提出和设定的预期结果，但并不是由人们随意提出来的，既不是人们头脑里先天固有的，也不是人们主观自生、凭空想象出来的，而是在人们同外部客观现实的关系中产生，即以外部客观现实的可能性和本身需要为前提和依据。一个正确的体育目的，必须反映客观社会发展和自然事物发展规律的必然性，反映人的现实需要的必要性，还要从事物内部固有的特点考虑目的实现的可能性。具体来讲，体育目的的确定要以社会对体育的需要、体育的主体——人的需要以及体育自身所具有的特点和功能为依据。

1.社会对体育的需要

体育目的受社会政治、经济制度制约。在无阶级社会里，体育与政治无关，但在阶级社会里，统治阶级的利益和意图，必然要渗透体到育目的中，使之带有一定的阶级性和政治性。这并非意味着体育目的范畴的全部内容都具有阶级性，也不意味着不同社会制度国家的体育目的毫无共同处，不能互相借鉴，比如在各国体育目的中，关于增强体质方面的内容可以互相借鉴。

总的来看，在当今世界上，不存在抽象的、不为本国政治和经济服务的体育。这一点无论从体育的发展历史，还是从当代各国体育实践中，都可以得到证明。

在现代社会，不同社会制度的国家，体育运动的目的也有所不同。不论表面提法有多少共同处，其实质都体现出为本国政治服务、为统治阶级的利益服务。我国是社会主义国家，体育目的必须围绕社会主义建设根本任务，把提高全民族的体质水平，保证人民健康、长寿、幸福与促进物质文明和精神文明建设有机地结合起来，使体育更好地为社会主义建设服务。

2.体育的主体——人的需要

科学技术的进步和社会生产的发展，使人们的余暇时间变多并改变着人们在余暇时间的活动内容，人们对体育的诉求逐渐从技术层面上升到文化价值层面，从满足人的基本需要层面上升到满足人的享受和发展需要层面，体育的目的必须与这些日益增长的需要相适应。在社会主义国家，社会生产的目的决定应尽可能地满足人们的需要，其中包含对身体健康的需要、提高工作能力的需要和对全面发展的需要。

需要反映人们对某种目标的渴求和欲望，是人类一切活动的动因，与人相关的任何活动都不能脱离人的需要而存在。因此，确定体育的目的必须要分析人的需要。目前，西方流行的需要理论是美国心理学家马斯洛的需要层次理论。马斯洛把人类的需要看作一个组织系统，将其区分为生理需要、安全需要、社交需要、尊重需要和自我实现需要五个层面，并且肯定物质需要的首要性和决定作用。他强调对人的关心和尊重，看到需要在调动人的积极性、激励和组织人的行为中的巨大作用，突出满足人的需要在人的发展中的重要性。

尽管马斯洛的需要层次理论并不完美，但对研究需要论仍然有启发作用。人的需要主要通过工作、学习、生活实现，而体育在满足人的不同层次需要中起到积极作用，不仅能够满足物质层面的需求，还能够在精神上满足人的需要，而体育是满足人们需要的一种重要手段。

第三节 体育的价值与功能解析

一、体育的价值体现

在价值学的观点中，体育的价值被认为主要是体育功能以及人们需求之间的关系。客体分为社会客体和自然客体，体育属于前者，与自然客体不同的是它通常与人们的利益挂钩。体育是社会文化的一部分，伴随着人类文明的发展而不断发展。体育的价值也正是源于这种实际的作用。体育因其本身所具有的价值才能在社会上存在，这也是体育文化的核心。

（一）体育的社会价值

体育的社会价值主要体现在以下两个方面：

1.体育是社会稳定的重要指标

体育的发展离不开稳定的社会环境，而且体育的发展也有助于社会的稳定，二者相互促进，在社会现代化发展过程中，体育的重要性日益凸显。

体育为社会稳定发展提供了保障。体育运动对于社会安全稳定具有重要意义，能有效减少暴力事件的发生，通常举办大型的体育赛事时，犯罪率都比较低。根据统计调查，城市举办大型体育赛事，电视台向全国转播比赛情况时，出行的人会大大减少，体育比赛中强调公平公正以及遵守相应的规则，服从裁判的判决，这些对市民的道德品质也会产生影响，使他们自觉遵法守法，提高法律意识。

2.体育具备强大的社会工具功能

首先，体育对民族精神有极大的振奋作用，可以凝聚不同民族的力量。改革开放为中国体育的发展提供了新的契机。但是中国体育发展并不是被动的，而是积极主动的，体育的社会价值也在这一过程中得到了充分的体现。在改革开放初期，体育比赛提高了中国人参与国际竞争的意识，国人变得更加积极、有信心，不断对外开放、谋求发展起到了重要的推动作用。在国内经济发展方面,体育竞赛的规则强调契约和诚信意识、团队高度协作配合以及公平公正等理念,为社会主义市场经济观念的确立奠定了基础。中国体育在团结各民族力量、增强民族自信心以及扩大对外开放等方面的推动作用是显而易见的,其社会价值是不可忽略的。

其次,体育运动还可以在人与人之间建立友好的关系,有助于社会和谐稳定发展。体育运动可以加强人与人之间的沟通交流,解决社会矛盾,提高人们的公德心,促进社会文明发展。体育竞赛还能够抑制冲突,解决社会矛盾。体育比赛中有激烈的竞争,优秀的运动员往往依靠力量、技巧、战术等打败对手,这也是取胜的唯一方法;体育运动还可以保持与其他国家、民族之间的友好往来,创造稳定和谐的国际环境,促进人类共同进步;同时体育比赛也有助于缓解压力,使人们的生活更美好。

(二)体育的人文价值

体育可以促进人的全面发展,在精神文化方面具有重要的作用,这就是体育的人文价值,它可以满足人们对文化的需求,对人们的生存和发展具有积极的意义。在人类历史的发展进程中产生了体育,它代表着一种文化,也是人们的一种生活方式。或许有人会将体育视为动物界为生存而进行的竞争,或者人们用体力获取物质的方式,其实这是完全不同的,它的出现是人类追求自由发展的体现,具有主观能动性,能够满足人类发展的需求。

1. 促进人的全面发展

体育活动中人的价值具有至高无上的地位。任何发展都是以人为主体进行的。人是社会经济、政治、文化发展的建设者,也是享有者,在这些发展中最主要的是人的全面发展,体育评估人类发展的依据就看其是否尊重人的自由发展，体现人的尊严。体育的作用、功能以及发展的目标，以人的发展为核心，最终都是为人的发展服务的。

体育人文价值的外在表现形式是体育文化发展的基础，就是尊重人的需求，帮助人们完善人格，促进自身发展，体现出人文主义的内涵。

2.塑造人的发展方向

体育的功能在满足人们对自身发展需求的过程中，形成了体育的人文价值。体育塑造人的方法和培育人的内在标准是体育人文价值的体现，它有利于人们树立正确的体育价值观。这种价值观不仅体现出因为人类而存在的尊严和体育活动实施的人文关怀，还是体育活动对人文精神的表现，通过体育表达出情感、欲望和审美，为体育未来的发展凝聚力量。

人类对体育的理想和目标就是体育的人文价值，有助于弥补体育中的不足，整合体育多种价值取向，也引导着其他价值观念，使其从生物性的身体活动转变为文化习得行为。在多种不同的社会因素干扰下体育运动仍然能够有序进行，始终为人类发展提供服务。

体育人文价值是建立在体育本体上的价值理念，从本质上来看，对人类社会未来的发展具有指导作用，将自然价值和社会价值相联系，也是人类体育未来的发展目标。

二、体育的功能

体育是一种文化现象，对人和人类社会具有重要的作用。体育对人和社会所起的作用和功能，要从体育本身的特点和社会需求两个方面来考虑，因此可以把体育功能分为以下几类。①从纵向和动态的角度来看，体育有三个阶段的功能，分别是历史功能、现代功能和未来功能，它们贯穿人类社会发展的始终。在阶级和国家出现以前，体育对人的作用就是体育的历史功能；人类进入阶级社会以后，体育对人类的作用和效能称为体育的现代功能；阶级、国家消亡以后，体育对人类的作用和效能被称为体育的未来功能。②对体育的每一发展阶段进行横向静态观察，体育功能可划分为政治功能、经济功能、教育功能、娱乐功能、军事功能、医学功能等。③从体育功能的作用对象来划分，可以把体育功能划分为个体功能和群体功能两种。④从体育功能的存在和表现状态来看，可以把体育功能划分为基础功能和随机功能（延伸功能）两种表现形态。体育的基础功能是一切其他功能发展的起点，实际上指体育对个体的生物功能。体育的随机功能指体育对象通过体育所获得的不同效应。如观看体操比赛的观众基于角度不同，所获得的感受和目的不同，而作为体操表演者本身的目的也不同。这些目的都具有随机性，都超过体育本身的范畴。体育的随机功能具有广泛性和不确定的特点。⑤从体育功能的作用方式来看，可以把体育功能划分为直接功能和间接功能两种。⑥从体育功能层次来看，可以把体育功能划分为自然质功能、结构质功能和系统质功能三种。其中，自然质功能是最基本、最基础的功能。

以上不同层次、不同方面的功能相互联系、相互交织，形成一个错综复杂的网络体系。本书对于体育功能的详细阐述，将从体育功能的层次性方面展开。

（一）体育的自然质功能

自然与人为是一组反义词，人们认为自然界具有重要作用，自然在人化自然之前出现，是人们赖以生存的环境和物质来源的基础，自然是人化自然存在的先决条件。但是，自然界中的很多物质未经人类加工，对人类的效用和功用是有限的。体育最简单、最原始的表现形式是人类基本活动能力的表现。人类在进化过程中自然形成的走、跑、跳、投、攀登、爬越、悬垂和负重等运动方式，可以看作体育最原始的形式。这些运动方式对人类所产生的功效，就是体育的自然质功能。

体育的自然质功能比较单一，即体育的健身功能。体育的基本活动方式是通过身体运动完成，健身功能是体育文化现象最基本、最直接的功能，是其他功能的基础。体育的健身功能主要体现在以下方面。

1. 促进有机体的生长发育，改造人体骨骼和肌肉系统

生长和发育的表征往往表现在骨骼和肌肉的生长和发育方面，体育锻炼能够促进骨骼和肌肉的生长发育。人的身高不断增长主要是由于人的骺软骨不断增生，直到其骨化完成，人的身高不再增高。通过体育锻炼，特别是跳跃、伸拉等类型运动，能够刺激骺软骨的增生和分裂，从而促进孩子身高的生长。科学研究证明，经常从事体育活动的青少年比一般青少年身高增长要快。因为，经常参加运动可以使骨骼变粗、骨密度增厚，骨骼抗折、抗压能力增强。

经常参加体育活动的人，肌肉的工作能力得到增强，表现为肌肉横截面积加大，肌肉变得粗壮有力。现代医学研究证明，经常进行体育锻炼，人的肌肉成分会发生一系列有利于健康的变化：氧化酶的浓度得以提高，促进碳水化合物和脂肪的分解，产生ATP形式的能量；促使线粒体变大，数量增加，其是产生有氧能量的细胞能源工厂；增加肌肉利用脂肪作为能量来源的能力。

体育活动对于青少年来说，主要是促进骨骼和肌肉生长发育，

对于成年人和中老年人来说，有助于保持骨骼和肌肉的机能能力。经常运动可使肌肉保持正常张力，并通过肌肉活动刺激骨组织，促进骨骼中钙的储存，预防骨质疏松，同时使关节保持较好的灵活性，韧带保持较佳的弹性。此外，锻炼可以增强运动系统的准确性和协调性，保持手脚灵便，使人可以轻松自如，有条不紊地完成各种复杂动作。

2.提高人体适应能力，增进健康水平

许多户外运动往往在严寒、酷暑或高山、高空等条件下进行，因此对外界的适应能力要求高。体育有助于培养人们勇敢顽强的性格、超越自我的品质、迎接挑战的意志和承担风险的能力，有助于培养人们的竞争意识、协作精神和公平观念。体育锻炼还可以增强人们的体质，提高人们对疾病的免疫能力，增强机体的适应能力。研究证明：不锻炼的人，30岁起身体机能开始下降，到55岁，身体机能只相当于他最健康时期的2/3；经常体育锻炼的人到50岁时，身体机能仍稳定，即使到了60岁，其心血管系统功能也相当于25岁不锻炼的人。

3.调节人的心理，促进个体心理发展

在竞争激烈的社会里，快速的生活节奏、大都市的"高楼效应"，使人际交往变得极为有限。在这种环境下，人们容易在精神上、心理上陷入混乱，容易出现轻度到重度不等的焦虑、抑郁、敌意、孤独和其他感情不稳定的心理。心理健康对人的整体健康至关重要，对于心理障碍、不良情绪，除了做思想工作和心理治疗以外，体育活动也不失为一种积极方法。现代医学流行病学研究证明，人们通过适当的体育运动能够降低"焦虑状态"，提高心理健康水平。

体育锻炼对心理健康的影响是多方面的。斯蒂芬斯在1988年的研究中指出,身体锻炼的水平与精神健康之间存在一种正相关,即努力进行锻炼的人,表现出良好的心理健康状态,而不锻炼者的不安感明显更高。因为长期持续的身体锻炼对心理疾病患者的焦虑和抑郁有缓解作用,可以有效降低焦虑状态,从而产生良好的心理效益。所以,体育锻炼具有调节人体紧张情绪的作用,能够改善心理状态,恢复体力和精力;能增进身体健康,舒展身心,有助于安眠及消除压力,使疲劳的身体得到积极休息,让人精力充沛地投入学习、工作;陶冶情操,使人保持健康的心态,充分发挥个体的积极性、创造性和主动性,从而提高自信心,形成正确的价值观,使个性在融洽的氛围中获得健康、和谐发展;体育锻炼中的集体项目与竞赛活动可以培养人的团结、协作及集体主义精神,通过与他人的接触交流,会使原有的孤独感、抑郁感等淡化,甚至消失。

(二)体育的结构质功能

人们对自然界中获取的物质进行加工,对原来的物质形态进行调整,使其具有更多新的功能。比如,树木经过加工可以做成各种家具,但是其化学性质和物理性质保持不变,只是外部形态发生了变化,就拓展了其具有的功能,成为床、椅子、书架,在人们的生活中起到不同的作用。

在体育中,常常改变身体运动方法、增加各种规则限制等,这种身体运动结构的改变,赋予体育新的功能。例如,在跑步运动中设置规则,则成为竞赛项目;竞赛项目中含有对抗性,又对运动技术提出要求;由于规则的严肃性,又产生公平竞争的行为规范要求。

体育的结构质功能可以归纳为两种,即体育的教育功能和娱乐功能。

1. 体育的教育功能

体育的教育功能指体育在促进人类身心全面发展过程中的作用和效能。教育功能是体育最基本的社会功能。就其作用的广泛性而言，对人类社会产生影响，是体育其他社会功能无法比拟的。体育的教育功能是通过体育对人的身心促进与发展，教育目的的达成而体现出来的。即便在奥林匹克运动中，体育仍然被认为是一种教育方式，即在道德范围和公平竞争原则下促进人身心健康发展。

体育的教育功能主要体现在以下方面：

第一，教导基本的生活技能。体育产生于生活，也应服务于生活。通过身体教育、运动教育可传授各种生活技术和技能。如走、跑、跳、投、钻、跨、滚、攀登、爬越等身体活动能力，提、挑、拉、拖、搬运等生产劳动技能，都是人们必须掌握的基本生活技能，也需加以规范和改进。教师要求学生站立时抬头挺胸，走路时克服内八字或外八字，跳跃时注意落地缓冲等，就是在发挥体育教导人们基本生活技能的功能。再如，人们在日常生活中，上下楼梯、公园漫步等时稍不留意就容易扭伤踝关节，因此，人们需要学习如何预防踝关节扭伤：平时注意进行踝关节周围肌肉力量和本体感觉的训练；运动前进行充分的准备活动；适当减少运动量；运动时选择鞋底柔软的高帮鞋、弹力绷带或半硬支具，也是体育教导人们基本生活技能的功能。

第二，提供社会规范教育、社会角色尝试，促进人的社会化。社会规范是历史形成或规定的行为与活动标准。人的行为总是受某种文化下社会规范的制约。这些社会规范不仅指法律、规章制度，还涉及人际交往时的礼节规则和游戏规则。当人们进行各种游戏时，人们需要遵守游戏规则，对游戏规则持有内在观点，认为在游戏过程中人们在相应的游戏规则下应该做出某种行为或者受到某种约束。人们在游戏中扮演角色、学习角色、领悟角色，从而使自觉遵守社会角色规范成为可能。

第三，促成个性形成和发展，培养完美的自我观念。体育不仅能够影响人的生理属性，还能够影响心理属性，促进身心全面发展。现代体育是一种培养个性的手段，具体通过三个层面进行。首先，体育培养个体自我意识，使参与者可以正确认识自己，选择方法自我改进，巩固提高自己的长处，促进个体自我观念形成。其次，体育参与往往发生在群体活动中，参与者为了取得与自己相适应的地位和角色会不遗余力。在体育群体中，良好的表现会得到奖赏，反之会受到冷落或批评。参与者要学习群体规则，塑造自己的思想和行为，因此体育具有仿社会的性质和培养社会化的重要功能。最后，参与体育既要接受客观环境的影响与制约，又要进行自我调整，自觉参与，在主客观的相互作用中，培养对自身积极性和客观限制性的辩证理解，从而达到塑造个性的效果。

2.体育的娱乐功能

体育的娱乐功能指通过身体活动帮助人们享受愉快生活的作用和效能。体育在人类历史上已经存在，最初的体育基本上是以游戏的形式表现出来，如马术、射箭、蹴鞠、马球等。体育活动不同于为了生存的工作，是工作之余的活动，具有放松性，所采用的各种体育项目也具有游戏性，因而体育活动与娱乐有着紧密联系，所以体育具有娱乐功效也是必然。

体育活动的娱乐要素主要表现在以下方面：其一，是一种自愿、自发性的自由活动；其二，是非日常性、非生产性的活动，且不带有功利性；其三，具有一定竞争性、对抗性和不确定性，其对抗胜负具有不确定性。

随着技术进步和生产的现代化、数控化，劳动时间缩短，人们的余暇时间增加，在现代人的余暇活动中，体育娱乐具有十分重要的作用，其具有的社会功能是其他余暇活动方式所不能取代的。

体育的娱乐功能，一般通过两种基本途径实现：一是参与，个体参加体育活动中；二是观赏，作为观众观看他人的体育活动，可以是在比赛现场观看，也可以是通过电视观看。尽管参与体育运动对身心的良好影响相比观赏体育运动更积极、效果更好，但是现实社会中，以观赏方式从体育运动中获得娱乐的人群多于以个体参与方式获得娱乐的人群数量。

体育的娱乐功能主要体现在以下三个方面：

第一，体验自由感。体育运动能够得到广大社会成员喜爱的一个重要原因是，体育与艺术等活动具有较强的娱乐功能。人们在体育运动过程中能够体验到很多乐趣和快乐，愉悦身心，疏导情绪，获得解放感和自由感。体育是人类社会多种娱乐方式中的一种，而积极健康的娱乐也是现代社会中人们提高生活质量的一项重要内容。例如，人们在奔跑中，能够体验到自由存在状态；户外活动可以调节生活，使人返回大自然，享受乐趣；在轻松优美的健美操锻炼中，练习者的注意力从烦恼的事情上转移开，忘掉失意与压抑，尽情享受健美操运动所带来的欢乐，得到内心的安宁，从而缓解精神压力，拥有更强的活力和更佳的心态。

第二，感知生命活力。在运动竞赛中，不断追求"更快、更高、更强"，以战胜自我，得到精神上的满足。特别是惊险项目，如跳伞、跳崖、潜水、冲浪、赛车等，在向自然的挑战中创造人生价值，加强生命力量，从中获得能量释放的乐趣和快感。例如，空中抓杠活动能够挑战自我，克服心理障碍，增强自我控制能力；面对机遇，果断把握，增强自我决断能力；以积极的心态争取和获得机会。又如，高空断桥活动，通过活动提高参与者的灵活性，提升人们面对挑战时应具备的生存能力和适应能力，从而增强人的综合素质和发挥人的无限潜能。

第三，获得美的享受。体育运动为人们展现的是一个绚丽多姿的艺术世界，使人们得到精神上的愉悦及美的享受。运动员在体育比赛中表现出的高超艺术，是体育运动中美的体现。

（三）体育的系统质功能

系统质功能指当一个事物从自然质系统、结构质系统进入社会系统时，会产生以前不具有的功能。当体育进入社会系统时，会产生某种功效和作用，出现许多新的功能，这样的功能被称为体育的系统质功能。其中，体育的经济功能和体育的政治功能属于此类。例如，我国20世纪末体育产业的发展说明，体育必须进入市场才能充分体现自身的经济功能，而市场是社会系统的组成部分；运动员进入世界体育的大舞台，如在奥林匹克运动会上为国增光的表现，体现了体育的政治功能必须在社会系统中才能表现出来。

1. 体育的经济功能

体育的经济功能指体育运动对经济发展的促进作用。体育的经济功能具有产业关联度广、需求潜力大、附加值高、资源消耗少、环境污染低的特点，是一个有前途、充满潜力和机遇的朝阳产业、绿色产业和健康产业。体育真正与经济挂钩，发挥其经济功效，是在现代社会伴随市场经济发展开始。随着市场发展，商品经济无孔不入，体育文化作为社会消费需要，也成为现代经济中的一大产业。例如，现代奥运会已不是一场纯粹的体育竞赛，更是一场品牌盛宴，全球化的传播通道使企业从平凡走向伟大，可口可乐、柯达、三星、阿迪达斯、联想、伊利等中外企业借助奥运与体育资源踏板迅速发展。可见，体育在现代社会中对经济发展起到的巨大作用。对此，体育的经济功能主要表现在以下三个方面：

第一，提高劳动者素质，促进生产力发展。经济学家认为，劳动生产力的提高是社会经济发展的重要标志，在对生产力进行评价时，人的素质往往是最主要的衡量标准。但在人的素质中，身体素质又显得尤为重要，使得世界各国都十分重视体育发展劳动者体力的作用，以减少发病率，达到促进社会生产力发展的目的，这表明体育的经济功能最初是体育本身的发展，并间接通过提高国民身体素质，再转化为劳动生产力。劳动者通过经常性的体育活动，变得身体强壮，精力旺盛，从而在工作中灵活、有力、协调，能够有效预防疾病，防止事故发生，大大提高劳动生产率和经济效益。

第二，推动体育产业发展，为第三产业发展注入新的活力。体育对经济有极大的促进作用，集中体现在商品经济的繁荣方面。体育已经成为人们休闲娱乐的重要方式。人们对体育的需求越来越大，为了满足人们的这种需求，各种运动器材与运动场地的建设、体育用品的生产以及其他与体育相关的产业，如健身、娱乐、旅游等，都呈现出良好的发展势头，进而形成了一个庞大的体育产业体系，使得商品经济的发展与体育密切相关。例如，人们往往会被精彩的体育赛事所吸引，体育比赛门票是一项稳定的收入；举办大型的运动会还可以带动旅游、商业、交通、新闻等行业的发展，也可以用发行邮票、纪念币以及广告宣传等方式获取经济效益。

第三，调整和优化产业结构，为人们的就业提供更多的岗位。体育作为服务业，通过劳务的方式为社会提供相应的服务。20世纪70年代，世界经济的繁荣发展赋予体育经济方面的功能，加速了体育产业的发展，使之在国际舞台上的地位越来越重要。体育产业在发展的同时对经济也有极大的促进作用，与市场经济相互作用、相辅相成。体育作为第三产业可以带来一定的社会价值，甚至在有些国家已经成为支柱性的产业。体育产业的发展使原本的产业结构更加完善，有利于就业问题的解决。

我国体育产业的快速形成和发展，不仅拓展了第三产业的增加值，还起到了优化产业结构的作用。同时，体育产业是一个上游产业，既能带动和促进第二产业中相关行业的发展，也能带动和促进第三产业中一部分行业的快速发展，对整个国民经济总量扩张和结构改善具有一定作用。体育产业良好的发展将会为社会提供千万个就业岗位，从体育产业的管理者，到体育场馆清洁工，将为我国劳动力就业市场开辟一个新的广阔空间。

2. 体育的政治功能

体育的政治功能指体育运动对社会团体、国家、地区的安定团结、发展进步、繁荣昌盛的促进作用。在人类社会的诸多社会现象中，占有统治地位的"政治"往往具有主导作用。体育不可避免地要为一定社会和利益集团的政治和政治需要服务。体育的政治功能主要表现在以下两方面：

第一，提高国家威望、振奋民族精神。体育文化被放在国际社会平台上，被赋予象征国家、象征民族的功能，特别是现代奥运会已经成为世人瞩目的政治舞台。体育竞赛是人类社会在和平气氛下进行的"礼仪化"战争，体育竞赛的胜负寄托一个民族的情感，在弘扬爱国主义、强化民族精神方面起着重要作用。例如，中国女排的"五连冠"在中国大地上掀起了一股"女排热"，"女排精神"得到弘扬。

第二，创造良好稳定的社会环境。国际上，体育文化可以为政治提供服务；在国内，其也服务于政治。不同国家举行的体育活动，一方面丰富了人们的日常生活，促进了文化的发展；另一方面也带动了当地经济的发展，使社会呈现出和谐稳定的发展局面。比如四年一届的中华人民共和国全国运动会，是全国性的体育赛事，也体现出我国经济的繁荣。

第四节 高校体育与现代社会发展

第一，适应社会发展的需要是学校体育存在和发展的基础。随着人类文明的进步和社会的发展，教育由最初个体间传播基本生活方式的行为演变为推动社会发展、传承人类文明、培养后代的社会活动。在教育发展的整个过程中，社会发展需求始终是教育发展的原动力。社会生产力水平是社会发展的代表，不同时期生产力的标志是最具代表性的生产工具。一定时期的生产工具必然要求与之相适应的劳动人口，也就是说社会越发展，生产工具越先进，所要求的劳动者素质越高。提高劳动者的素质必须拥有与之相适应的教育。而劳动者个体要想得到社会的承认，就必须通过教育来掌握越来越先进的劳动工具和劳动技能，并从中得到自身的发展。因此，随着人类社会的进步和发展，学校教育从指导思想、教学内容到教学方法都在进行着不断的改革。

第二，学校体育教育思想对社会发展的适应。学校体育教育思想是人们在一定社会和时代的学校体育实践活动中。直接或间接形成的对学校体育的认识或看法，其核心是对学校体育教育的性质、方向、功能、目标以及如何实施学校体育教育的认识。体育教育思想是对学校体育具有方向性的指导思想，对学校体育各项活动有很强的指导性。学校体育教育思想的演变过程在一定程度上反映出学校体育适应社会发展和改革的过程。只有实现了体育教育思想对社会发展带来的适应和改革，学校体育的其他方面才可能有目的、主动地适应和改革。当前，"终身体育""素质教育"和"健康第一"是社会发展对学校体育教育提出的要求，高等院校体育教育必须积极主动地适应这一要求。

现代人除身体锻炼以外，还需要体育锻炼产生的兴趣与情感，既健身又悦心。现代都市生活使人远离大自然，但参加户外体育锻炼，可以调节生活，使人享受返回大自然的乐趣。

体育锻炼还能密切人际关系，由于家庭分化和工作紧张，一家人也难得团聚，体育锻炼往往是集体进行的定时聚会，有利于联络感情。参加娱乐性体育比赛，通常可以战胜自我，获得精神上的满足感。参加一些体育项目是在向自然挑战中创造人生价值，会从中得到乐趣。观赏体育表演是一种美的欣赏和艺术享受。

现代社会为人类体育锻炼活动提供了优越条件和各种锻炼方式，使大家在和谐氛围中获得精神快感，情绪得到调节，情感得到净化，从而充分享受生活的乐趣。

第五节 高校体育教师与学生的互动及发展

一、学生作为体育教学的主体

（一）学生生长发育的基本规律和特点

1. 身体生长发育的波浪性和阶段

青少年的生长发育过程，大体可以分为两个阶段，每个阶段都形成一个波峰。在生长发育期间，生长发育的速度体现为波浪性，有早晚、快慢的区分，表现了一定的发育阶段。身体各器官发育速度先后顺序依次为神经系统—淋巴系统—运动系统—呼吸系统—心血管系统—泌尿系统—消化系统—生殖系统。

各个系统本身的生长发育同样体现为波浪性。神经系统和淋巴系统在第一个10年生长发育迅速，而后第二个10年逐渐减慢甚至衰退（淋巴系统）。全身其他系统如生殖系统是前10岁前发育速度较慢，而后10~20岁发育迅速。

通过以上分析可以发现，身体形态的生长发育体现了波浪性和阶段性的特点，相应地，各类身体素质的自然发展要受到身体形态发展的影响和制约，其增长速度也体现出波浪性和阶段性，其增长速度照样有早晚、快慢之分，出现的高峰也有早有晚。

各项素质的发展进入稳定阶段和出现高峰时间的先后顺序如下：首先是速度、灵敏、柔韧；其次是耐力和力量；最后是速度耐力和力量耐力。

身体素质自然发展具有以上特征是有其原因的：速度素质和灵敏素质的发展，在很大程度上取决于神经系统的灵活性，儿童时期与少年时期，特别是儿童时期，神经系统发育最早，这使得速度素质和灵敏素质提高较快，较早进入稳定阶段。

力量素质的优劣主要取决于肌纤维的粗细和肌肉横断面的大小。从身体形态发育的程序来看，人体各部分长度指标的增长领先于围度、宽度，并且较早地进入稳定阶段。在生长发育的第二突增期间，由于四肢长骨的迅速发育，身高及各部分的长度指标增长较快，因此肌纤维细而长、肌肉横断面小、肌肉力量差；当身高及人体各部分长度指标增长速度减慢之后，人体各部分围度、宽度指标增长速度才开始加快，经过一个时期的生长，肌纤维逐渐变粗、肌肉横断面逐渐加大。因此，肌肉力量增加进入稳定阶段就需要一个较的长时间。

速度耐力和力量耐力素质的发展，是以无氧代谢能力和力量的提高为基础的。由于儿童与青少年正处在迅速生长发育阶段，因此安静的时候，氧化过程比成年人旺盛，耗氧量多，但是血红蛋白和肌红蛋白的含量相对成年人要少，心肺功能较弱，无氧代谢能力较差，负氧债能力较小，所以速度耐力的提高受到一定限制，力量的增长较慢。因此，速度耐力和力量耐力的发展最慢。

2.生长发育的不均衡性

青少年生长发育的过程都表现出各自固有的生长发育程序，体现出不均衡性。在整个人体生长发育过程中，人体各部位的生长是同时进行的，但是表现有早晚、快慢之分，其整个生长时期也呈现出一定的生长发育程序的特点。

第一，头尾规律。在生长发育的第一个突增期中，婴儿从一个特大的头颅（占全身的1/2）、较长的躯干、短小的肢体发育成比例比较匀称的幼儿。在第二个突增期，儿童下肢首先发育，然后是躯干，头部发育不明显。到成年人时期，头只占全身长度的1/8，躯干较短，两腿较长。在完成整个发育的过程中（约需要20年），头增长了一倍，躯干增长了2倍，上肢增长了3倍，下肢增长了4倍。

第二，向心规律。青少年学生体质与健康调查表明，7岁以后的青少年，遵循着历次发育由肢体远端到近端的向心规律，即表现为"足—小腿—下肢—手—上肢—躯干"的生长发育程序。

第三，高重规律。在生长发育过程中，由于骨骼发育快于肌肉发育，所以表现为人体各部分发育的长度指标领先于围度指标、身高的增长领先于体重的增长，如青少年中常见的"豆芽菜"体形正是这一特征的表现。

3.生长发育的统一性

虽然人体生长发育在身体形态、身体机能、身体素质以及心理发育方面表现出了速度的快慢、早晚之分，但还是统一服从于质量互变规律。也就是说，一定的身体形态结构决定一定的生理机能，身体素质又是身体形态和生理机能在运动能力上的具体反映。在生长发育构成中，伴随各器官系统生理机能的变化以及身体素质的提高，必然产生一定的心理构成和个性特征。身体素质的发展与身体形态、机能发育的统一，体现了身体结构与机能的统一。

（二）我国青少年体质的现状

随着我国改革开放的不断深入，经济得到快速发展，人民生活水平不断得到提高，青少年生长发育加速，青春期提前来到，但同时，青少年体质也呈现出令人担忧的状态，可以概括为以下几个方面：

（1）青少年体质全面下降。在当今我国青少年的身高、体重、胸围加速增长的同时，青少年体质却在全面下降。如果学生的身体素质和机能在中学时期出现了下降，那么他们一生的健康都会受到影响，甚至会引发心理健康问题。青少年群体是祖国未来的栋梁之材，他们的身体素质出现问题将会影响祖国未来的发展。造成青少年身体素质下降的原因有两个：一是现在的教育对升学率过于重视，导致学生肩上扛着太多的负担，片面注重学习，而不进行体育锻炼；二是现代生活方式在方便了人们生活的同时也减少了学生活动的机会。

（2）城市青少年肥胖问题严重。大量青少年进入肥胖行列会带来诸多问题。过量的肥胖会给人的身体造成负荷，从而诱发疾病，同时也不利于其心理的健康发展，可能会造成人往后生活中的经济损失和健康隐患，还会造成社会资源的浪费，对个人和国家的发展都产生负面影响。

（三）对青少年体质下降采取的重要策略

面对我国青少年体质下降，需要增强青少年体质、促进青少年健康成长，进一步加强青少年体育、增强青少年体质，对于培养中国特色社会主义事业的合格建设者和接班人，具有重要意义。

1.基础：促进青少年体质健康政策制度的完善与落实

政策制度保障是保证"阳光体育运动"得到贯彻落实的重要支撑。"阳光体育"的政府调控力，主要涉及来自"阳光体育"兴办主体内外的各种硬性和软性的规定、制约与监督，确保"阳光体育"的正常运作，并对出现的违纪、失当等情形进行相应的责任追究与惩罚。

开展阳光体育运动是一项系统工程，不仅要与课内外体育活动相结合，也要有监督评价体系的支撑。各级教育督导部门要将落实学生每天一小时体育活动这一工作纳入对各级各类学校的综合督导内容及评估指标体系，加强督导检查。此外，应加强社会监督体系在阳光体育中的作用，发挥社会的力量。

从提出阳光体育运动到阳光体育运动的启动都是作为国家层面推动发展起来的，学生是开展"阳光体育运动"的主体，但是各级行政力量的主导作用更是其先导，尽管出台了部分关于"阳光体育"标准控制的规章制度，但是多数还流于形式，有效控制的手段措施甚少，现有的政策制度并没有发挥其最大的保障功效，国家和地方相关的具体政策并没有全面颁布。只有在各级相关政策制度的支撑下，各项活动才能更好地开展。

2. 重点：突出青少年体质健康的学校教学改革

第一，优化师资队伍。体育师资队伍建设在阳光体育运动开展中起着至关重要的作用。学校发展进程中，要培养高质量、高水平的中学生，关键是要有一支德才兼备、业务精湛的体育教师队伍。在当前教育改革的新形势下，体育教师作为"阳光体育运动"的组织者、实施者，必须具备一专多能、高素质的要求，不断更新观点，提高知识、能力。根据学校的实际情况，帮助学生掌握健身知识，举办各种形式的运动会，开展竞技性和群众性体育活动，活跃校园体育生活。为了使"阳光体育运动"高效、顺利地开展下去，加强高素质体育师资队伍建设势在必行。

第二，改革体育教学模式。传统的体育教学模式常常使学生感到对体育课的"乏味"，而"阳光体育运动"作为一个新术语进入到我国学校体育中，传统的体育教学模式显然不能满足学生的需求，在体育教学中教学内容竞技化、教学内容过多、学生学不会等问题比比皆是。进入了新一轮的改革阶段，学校体育教学必须与时代同步，更新观念，与时俱进。在体育教学中注入新活力、开拓新视角、开发新思路，为学校体育改革提供科学的指导思想和理论框架，保障阳光体育运动的持续开展。

二、体育教师在体育教学中的主导性

（一）体育教师的角色

教师的角色特征随着社会的变化而呈现出累积性的发展，有着外延缩小而内涵扩大的演变规律。教师在原始社会是长者角色，而在奴隶社会和封建社会则是文化知识者角色，经过工业社会的知识传递者角色，到了信息社会，教师成为促进文化知识传播的传播者。

当前，国内外课程改革受到了建构主义教学理论的很大影响。在这一理论中，人并不是被动地接受知识，在学习知识时，人会结合自己的经验进行建构。对于学生，应当促使其建构自己的知识体系，而不是单纯地复制知识。教师的教学应当让学生以塑造新的知识信息为目的，使学生能够主动创造；应当在互相矛盾的事物中进行角色表现，从而让学生产生不平衡的认知，以此来对学生的思维进行引导，使其发现问题、反思问题；应当对学生的思考进行引发，通过开放式教学参与到学生的探究中，不断地更新课程理论，使得课程环境产生变化，使学生从独立学习到合作学习、单方面发展到全面发展、接受学习到探究学习、被动学习到有计划地学习、单向传递到多向传递。

（二）体育教师的主导性

1.对体育教师主导性的理解

关于主导的含义，概括起来主要有以下几种理解。

一是指主导属于对立哲学范畴，在矛盾中指对立双方的决定和主要方面。二是指主导在传统教学论术语当中发展而形成现代教学论术语，启发和主动地推动指导。三是指教学过程中主要的矛盾是教师和教材之间的矛盾，学生与教材的连接是通过老师这一中介，这一主导作用就是中介作用。四是指领导，主要是由于教师会对知识的认识途径、认识质量和结果起主导作用，教师是主要负责人。五是指教辅助学和支持学是教学的本质，学生的学习态度直接决定了教学成效，在教学当中，教师的主要任务是辅佐学生。

学生的主体性与教师的主导性相对应。在教学过程中，教师的主要责任和地位是主导性的表现，而主导性又包括对学生的诱导、领导和指导等。

2. 体育教师主导性的主要内容

（1）使体育教学指导思想贯彻到实践中。在时代发展的同时，体育教育也在发生变化，体育教材和实际教学是这一变化的直接体现。将指导思想贯彻到教学过程中是体育教师的重要任务之一，在这一过程中，体育教师是主导者。

（2）选择教学内容并加工教材。体育教师能够成为学生与体育教材之间的中介，其重要任务就是选择并加工合适的体育素材，使其成为一套教材。体育教师应当结合学科与社会要求、学生需求搜集教学素材，寻找最合适的教学内容。

（3）选择的教学手段和方法应当适合学生。教材对相应的教学手段和方法有一定要求，这一要求会对体育教学方法的选择有所限制。教师应当灵活地运用教学方法，设置教学情境，使学生能够更好地学习。在对体育教学方法的选择和运用过程中，教师是主导者。

（4）评价体育学习结果。教师应当评价学生的学习效果和学习态度，以此来激励学生，从而形成最终的综合性评价，在评价中，应当结合学生的自我评价和互评。在体育学习评价这一过程中，体育教师是主导者。

（5）创造与学生相适应的体育教学环境。体育教学对环境的要求较为特殊，整体环境应当安全并且美观舒适。在这一环境中，教师可以创造良好的教学情景，使学生能够更好地掌握知识和技能，在体育教学环境的创造中，教师是主导者。

3. 体育教师主导性的发挥条件

教师主导性的发挥有三个构成要素。一是"目标"，二是"被导的主体",三是"路线"。有了明确、可度量的"目标",才能有的放矢;有了"路线",才知道"沿着什么去导";有了"被具备导的主体",就会知道"怎么去导"。为此,教师应该在以下方面做出努力:

(1)体育教师的知识要求。体育教师的知识要求基本体现在三个方面:一是要有广博的文化科学基础知识,要在信息时代做到博学,具备包括语文、数学、外语和计算机等在内的工具性知识,音乐、舞蹈和绘画等美学知识,逻辑学、科学研究和体育方法学等方法论知识;二是要有丰富的教育科学知识,通晓学生身心发展规律,熟知教学规律,掌握体育教学的基本方法和技能,包括教育学、心理学、学科教学论以及现代教育技术知识等;三是扎实的专业知识,作为体育教师,应该掌握人体生物学科理论(解剖学、生理学、生物化学等)、学科发展理论(体育史、有关项目发展史)、体育原理与方法、体育专业技术与理论等。这三个方面是有层次地紧密联系在一起的,第一方面的知识是基础层,第三方面的专业知识是最高层。

(2)体育教师的能力要求。体育教师在拥有一定的知识基础上,要提升自己各个方面的能力,这些能力一般有四个方面:一是组织管理能力,包括教学内容的组织加工能力、体育课的组织管理能力、课外体育活动的组织管理能力;二是表达能力,包括语言表达能力、身体姿势表达能力、应用图标表达能力等;三是体育科学研究能力,即在教学实践中,用科学研究的方法去不断发现问题、分析问题和解决问题;四是现代教育技术应用能力。

(3)体育教师的素质要求。体育教师的一般素质要求,首先,是要具有一种作为社会榜样的忠于职守的责任感。其次,是要具有终身学习的精神,也即关注时代的发展对体育教育的要求,做到与时俱进。最后,就是在体育教学实践中做个勤劳的耕耘者和探索者，这是体育教师的显著特点，体育教师应该在各种运动和运动中的人际交往里，为促进学生健康成长、全面发展、树立终身体育观念做出实实在在的努力。

三、体育学习中主导性与主体性的关系

教师的主导性在体育学习中也可以被认为是指导性，主要指教师指导学生学习的强度和质量。学生的主体性是指学生在学习过程中拥有自身的学习目标和学习动力，而目标的清晰和前进动力的强大之间的连接，能够促进整个学习过程。

（一）教师主导性和学生主体性的统一

学生的主体性学习能够在教师的良好指导下更好地发挥出来。如果学生在学习中缺乏积极性，则体现出教师指导方式的不恰当和不正确。不能对立地看待学生的主体性和教师的主导性。过分地强调学生的主体性是对学生的暂时放任，不利于长期教学目标的实现。应当正确认识体育教学中的纵向师生关系，防止课堂中产生放任现象。社会对教师和学生的定位直接决定了体育教学中纵向师生关系的存在，而这一关系的存在使得在师生关系当中，教师处于主导地位。

教师应当积极热情地对学生进行指导并给予关心，给学生提供各种教学服务，让学生在教学中能够获得帮助，同时，教师还要为学生制定有针对性的学习计划和学习策略，教师应当积极地成为学生的朋友，发挥在整体教学过程中的主导地位和主导作用。

（二）教师主导性和学生主体性的相辅相成

人们往往不能够正确地认识师生的关系，主要是由于人们往往会对立性地看待教师与学生的地位，对一方的地位过于强调而忽视另一方的重要性。从根本上来说，只要教师能够将其主导性发挥出来，学生就能够体现出自己学习的主体性。而如果学生没有充分地体现出自身的主体性，那就说明教师并没有很好地发挥自己的主导性。因此，体育教师不仅仅要注重自身的工作作风和思想品德，还要提高自身业务能力，争取在课堂中塑造和谐的人际环境。

第二章 高校体育锻炼与健康常识

第一节 体育锻炼与营养补充

摄食是人类的本能需要，也是生活的第一需要。随着人类文明的进步，人们的饮食不仅仅只是为了生存，而是需要从食物中获取更多的营养，以促进自身的健康发展。食物中的营养成分是主要摄取物，将之称为营养素。经常参与体育锻炼的人需要了解的首要问题就是每天应当摄入的营养素和热量的最佳值。过多或者过少地摄入热量都不利于健康，而且运动能力和运动健身的效果也直接受到营养素摄入量的影响。

现代营养科学研究表明，营养科学与人的健康，尤其是人类寿命密切相关。同时，人类的营养状况还受到政治环境、社会经济、科学技术以及文化教育等条件的制约。因此，讲究科学的食物营养摄取，注重合理的体育锻炼，已成为现代生活的重要组成部分。

第二章 高校体育锻炼与健康常识

一、营养与营养素

（一）营养的界定及其功能

1. 营养的界定

营养是指人体消化、吸收、利用食物或营养物质的过程，也就是人体为了满足自身生理需求而进行的饮食摄取等过程，主要由以下环节构成：一是摄取食物；二是身体消化；三是营养吸收；四是满足体内所需。当然，合理性原则是营养摄入最关键的原则，简单来说，就是要对吃什么、吃多少、如何吃等进行选择，合理营养是综合化理念，不但需要食物能够提供人体生理需要的营养素，还要从消化、吸收以及体内利用等入手合理地烹饪膳食。除此以外，膳食的合理搭配也是非常重要的，若是摄入过多的营养素对身体也会造成一定影响，会促进体内有害物质的形成或对其他营养素造成破坏等；若是营养不良，会使得人体的发育缓慢，甚至导致疾病的发生。

营养并非只是营养品的简单代称，它是系统的、完整的科学体系，最为核心的内容就是如何来选择和搭配膳食。运动员的耐力、力量等身体素质都受到膳食搭配是否合理的影响。

2. 营养的主要功能

（1）均衡的营养可使身心健康。一个人的健康情况，取决于先天与后天的诸多因素，例如先天遗传、食物营养、生活环境、卫生条件、体育运动、精神状态及习惯嗜好等。但是，在这些因素中最直接的还是食物营养，营养是健康之本。均衡的营养摄入，不但有利于促进个体的身体发育和成长，更对其心理健康产生一定的促进作用，人体的神经、内分泌都需要一定的营养素供给，只有充足、合理的营养供给，才能让身心保持愉悦，有饱满的精神和高涨的情绪，能够在很大程度上缓解人体的紧张情绪，并有利于心理压力的释放，为生活增添情趣。

（2）均衡的营养有利于智力发展。脑是人体中机能最复杂、活力最旺盛的器官。大脑每天需要充足的能量供给，才能维持正常的活动。人的大脑生长发育及其生理功能发挥均需要各种营养成分的供应。现代医学研究表明，虽然人的大脑重量仅为人体重的1/50，但大脑每日所需的血液量却占人体的1/5，这说明大脑对各种营养物质和氧的需求量很大，如果不能保证大脑的各种营养成分的供应，就会导致大脑结构及功能异常，智力下降，记忆力退化，注意力分散，甚至精神异常等症状发生。因此，通过供应各种食物来补充不同的营养成分，从而使大脑始终处于最佳状态，这对于提高与改善大学生的智力情况是十分重要的。

（3）均衡的营养可保持青春的活力。大学生的活动丰富多彩，运动量也非常大。大学生参加体育锻炼的时间也比较充足，而且各种娱乐活动也会增多，这都需要大学生能够保持均衡的营养，从而才能有精力参加各种活动和锻炼。所以，青少年必须保持均衡的营养才能焕发出生命活力。

（4）均衡的营养可保持健美的体形。大学时期也是青春发育的最后阶段，很多学生在这一阶段还会继续发育，不管是内脏器官的发育还是外在的发育，都需要大量营养支撑。因此，足够的营养摄入，才能让学生获得更好的发育。

（5）均衡的营养是提高运动成绩的保证。肌肉是运动的重要力量来源，而肌肉的力量则来源于能量，磷酸肌酸、脂肪、三磷酸腺苷和肌糖原是肌肉中最主要的能源物质组成，人体运动时需要的能量来源主要是ATP，而ATP是由膳食中的营养物质通过人体消化和吸收、氧化分解后得来的，所以专家指出，营养供给一定要遵守科学均衡原则，这样有利于提高人体能力，也能相应地提升体育运动能力。

大学时期营养补充要遵循两个原则：首先大学生的脑力活动量比较大，各种大脑活动如记忆、理解以及思维等都要耗费大量能量，所以需要补充大量营养素；其次是大学生的身体还处于发育阶段，所以只有确保足够的营养素才能保障身体的发育所需。

以营养脑细胞以及营养学的要求来看，大学生的日常饮食不但要注重糖的摄入，同时蛋白质、维生素、尼克酸以及磷脂的供给也不能忽视，这样才能有足够的能量供大脑活动，保持记忆力，提高注意力和理解能力，促使大脑机能活跃、思维敏捷，提高学习效果。

（二）营养素的界定

营养素是指能够对生命体征起到维持作用的基本元素。营养素由两种类型组成，一类是三大营养，包括糖、脂肪和蛋白质，是机体组织和活动所必需的物质前提，另一类是微量营养素，主要由维生素和矿物质构成，这类营养素的作用主要是确保细胞功能得以正常发挥。

膳食纤维和水也是人体必需的物质。人类的生存需要一定的食物和水。人们的正常活动和生存都离不开食物，这是因为人体所需的营养素都可以从食物中获取。

脂肪、维生素、矿物质、膳食纤维、水、碳水化合物以及蛋白质都是人体生存所不能缺少的营养素，在人体中发挥着不同的功效，从而保持人体的正常生活和工作。

当然，营养素也并非越多越好，而是要根据机体需要来摄入合适的量，这个量被称为营养素生理需要量，人体正常的活动所需不低于这个量,如此才能确保人体的健康,并保证脑力活动和体力活动的完成,不然则会对人体的正常活动和器官发育形成重大的制约作用。

人体需要通过食物来获取一天所需的营养素,这个量被称为膳食营养素供给量。其是根据营养素生理需要量来确定的、对各种营养素进行合理分配的恰当数量。人体的个体差异、食物烹饪的营养素损失、食物的消化吸收率、应激反应下的营养素波动量以及营养素之间的相互作用等都是安全率的主要内容,同时还应该从经济、环境等条件去确定膳食营养素供给量的标准。RDA的需要量要从生理需求出发进行考虑,所以,应该从RDA膳食质量标准来合理摄入各种食物,才能确保机体健康发育所需的热量供给。

二、合理营养应遵循的原则

合理营养的目的在于满足人体的正常生理需要,帮助人体吸收与利用,减轻机体的负担。

目前我国大学生普遍缺乏营养知识,其饮食基本处于盲目状态,因而普遍存在着营养不良与营养过剩的现象,有营养失调肥胖症、节制饮食厌食症、长期素食引起的营养缺乏症、暴饮暴食过盛症和偏食症等。

没有科学的知识,就无法构建合理的膳食结构。大学生应该了解营养不足与过剩对身体的危害,从而讲究平衡膳食,科学配食,使饮食更符合健康要求。

合理营养需要遵守以下几个原则:

(1)平衡性原则。人体摄取各种营养成分的量需要和身体的生理需要相适应,不然则会造成营养失衡。营养失衡情况包括两种类型：一是营养不良，也就是营养物质摄入量过少，从而无法满足生理的需求量，通常营养不良的个体会产生头晕目眩、易疲惫、怕冷、体重过轻等现象，甚至会出现各种疾病；二是营养过剩，也就是营养物质摄入量已经超过生理需求量，导致肥胖等，甚至引发身体疾病。所以，营养摄入量一定要遵循平衡性原则，不能过量也不能太少。

（2）适当性原则。也就是说人体摄入各种营养素之间的配比要具科学性和适当性，也就是人们通常所说的饮食搭配要得当。人体在处于不同状态下对营养素的需求也有所不同，而且各种营养素之间会有一定的比例关系，只有遵循这一比例关系，才能发挥所有营养素的最大功效，确保人体所需的脂肪、碳水化合物以及蛋白质都保持科学配比，以此来促进个体的身心健康发展，造就健康的体魄。

（3）全面性原则。全面性原则是指人所摄取的各种营养成分要全面，不能偏食。举例来说，乳与蛋的营养最为丰富，但是乳中缺铁元素，蛋中缺维生素C。因此，无论哪一种食物的营养有多么丰富，都不可能完全满足人体健康的需要。只有通过摄取多种食物中包含的各类营养成分，才能够确保人的健康需要。一味追求质精量少的高级营养品的摄取方法，以及任何偏食、禁食、少食的方法都是极不可取的。

（4）针对性原则。不同个体会有不同的身体状况、年龄特征、生活环境、营养状况等，所以对营养素的需求也会有所不同。营养素摄入量也要根据个体不同的生活环境、工作环境以及生理条件而有所调整。比如，个体从脑力劳动转为体力劳动时，就应该相应地增加能量摄入；若是女性的月经量较大，则应该补充铁元素，若是经量较少，则应该补充钙元素。

当然，随着四季的变化，也要恰当地调整膳食，如此才能更好地保持身体的健康和强壮。春季饮食应温和平淡；夏季应少吃油腻食物，多吃清淡食物；秋季要适当节制饮食量；冬季出于驱寒的需要，可多吃脂肪类食品，并注意多吃蔬菜以补充维生素。

三、体育运动与营养管理

（一）体育运动对营养的基本要求

（1）营养素摄取要适量，注意膳食平衡。健康的身体受运动、遗传、营养、心理素质等多方面的影响。现在，膳食营养对健康及运动能力的影响，越来越引起人们的重视。体育运动者吃什么、吃多少、什么时间吃、怎样吃，对其健康程度起着举足轻重的作用。平衡膳食是指基本营养配比适宜和所有必需物质含量充足的膳食。目前我国膳食构成中碳水化合物、蛋白质、脂肪的比重为7∶1∶0.3。这种比例从营养学角度分析是不合理的，较为理想的比例是6∶1∶0.6，即应适当减少碳水化合物的供给量，相应增加动物性蛋白质的脂肪供给量。

（2）热量供给充足。人体在运动中热量消耗非常大，在膳食中必须供给充足的热量，以维持热量平衡。据调查我国大学生中男生每日的热量消耗为1046kJ（2500kcal），女生每日为8790kJ（2100kcal）。如果热量长期供给不足，会引起身体消瘦、体重减轻、抵抗力减弱、运动能力下降，对青少年来说还会影响其生长发育。但是，如果人体摄入热量过多，又会引起体内脂肪增多，导致体重增加。

（3）食物体积小，发热量高，营养素齐全。食物一般容易被消化、吸收，但体积不能太大，一般情况下，每人每日摄取食物总量不超过2.5kg。

（4）食物多样化，不应该挑食、偏食。合理膳食对强健体魄、养生益寿和防治疾病是很有意义的。中国古代编著的《黄帝内经》中就提出了"五谷为养，五畜为益，五菜为充"等饮食原则，这个原则也符合今天的营养学中食物的搭配原则。因此，为满足人体各种营养的要求，食物应尽量多样化，防止偏食、挑食引起营养缺乏症。

（5）膳食规律合理。一般来说，保证一日三餐，就基本可满足人体对营养的需求。但是，经常运动的人就应根据运动量和强度及运动对消化功能的影响来合理安排膳食质量和时间。一般来说，运动后30～45min后进餐，和运动前1h进餐是比较合理的。

（6）抗氧化剂摄入合理。最新的研究针对维生素和一些有机盐的新功能进行了详细的论述，发现其具备一定的抗氧化性，能够很好地保护细胞。抗氧化剂属于化学物质，能够防止细胞被氧所破坏，也就是能够防止自由基攻击细胞。体内的生理活动会产生大量的自由基，而这一物质也会造成肺病、心脏病、人体迅速衰老和癌症等身体疾病。经过抗氧化剂的作用，可以防止自由基和氧结合，也就不会对人体造成大的伤害。所以，抗氧化剂能够对细胞起到一定的保护作用，并且在减少身体疲劳和肌肉损伤上有很好的预防作用。有一些微量元素就是非常好的抗氧化剂，如维生素A、维生素E和维生素C、β-胡萝卜素、锌和硒等。

（二）体育运动与营养补充的关系思辨

1.体育运动与糖

糖是由碳、氢、氧三种元素组成的一类化合物，也被称为碳水化合物。糖是人体内来源最广泛、最经济而且分解最完全的供能物质。人体摄入的糖大部分首先转化为葡萄糖，再由血液运送到肝脏。在肝脏内葡萄糖可以转化为脂肪、糖原或运输到其他组织，比如肌肉等。在肌纤维中，葡萄糖分子形成链组成糖原，糖原是肌纤维收缩的直接能量来源。当人体运动时，糖原在肌肉中分解，以很高的速率释放能量。

人的运动与糖的贮备有着十分密切的关系，人体所需要的能量60%左右由膳食中的糖供给。中枢神经需要的能量99%以上来自糖，低水平的血糖将首先影响中枢神经系统的功能。低血糖症发生主要是由于长时间剧烈运动时血糖供应不足或消耗过多，导致血糖过低，皮质调节糖代谢的机制紊乱。可见，根据不同运动的需要，有时需要适当地补糖。

第一，在运动时糖的作用。糖是人体运动时的重要能源物质。无论是在无氧还是有氧的条件下，肌细胞都可以利用糖的分解代谢合成ATP。糖氧化具有耗氧量低、输出功率较脂肪氧化大等特点，是大强度运动的主要能量来源，在运动供能中占据重要地位：①当以90%~95%最大摄氧量以上强度运动时（无氧运动），糖供能占95%左右；②是中等强度运动的主要燃料；③在低强度运动中糖是脂肪酸氧化供能的引物，并在维持血糖水平中起关键作用；④任何运动开始加速时，都需要由糖代谢提供能量。可利用的糖具备肌糖原、血糖和肝糖原。运动时需要动用糖代谢供能时，首先动用的是肌糖原，随着运动的继续，肌糖原数量的减少，肌肉开始摄取血糖，随着血糖利用量的增加，肝糖原开始释放，进入血液，补充及维持血糖浓度的稳定，保持机体运动能力。

第二，比赛前的肌糖原储存。正常人在肝脏和肌肉中以糖原方式存在的糖有350~400g，一般性的体育锻炼运动前无须特殊补糖，但当运动员参加比赛时，为了明显地增进耐力和提高运动成绩，在赛前的最后3天，摄入高糖膳食，可使肌糖原大大提高。为了完成肝脏和肌肉内的糖原储存，比赛前6h内食用高糖餐，可帮助肝脏维持血糖的水平。但应避免在赛前30~120min时吃糖，以防服糖后胰岛素升高，导致血糖降低而影响运动能力。

第三，长时间运动中的糖摄入。随着运动时间的延长，肌糖原开始减少，糖供能也越来越少。在没有糖摄入的情况下，运动2～3h后，血糖的浓度通常会下降到相对的低水平，若不补充糖，没有足够的血糖来补偿肌糖原储存的消耗，运动能力将明显下降，出现疲劳、头晕、软弱无力等低血糖症状。因此，从事长时间高强度运动的人，运动中每小时应该补偿30～60g葡萄糖、蔗糖或其他高糖食品。通过补糖可使疲劳推迟30～60min发生，使运动后期保证足够的糖供给，保持耐久力。

第四，运动后补糖。通常情况下，体育活动后也不需要进行特殊的补糖，但对于长时间剧烈运动者来说，在运动后应该摄入50g的糖。这对促进肝、肌糖原的恢复，预防肝脏的脂肪浸润，恢复血糖的正常水平，减少血乳酸都有良好的作用。强烈的运动后，食欲通常被压制，因此适量地补充含糖的饮料效果较好。由于恢复体内糖原是一个渐进的过程，为此增加糖的膳食可以延续两三天。

2.体育运动与蛋白质

蛋白质是肌肉的主要成分，对于肌肉的生成、代谢和受伤肌肉的修护都有非常大的作用，因此运动后迅速补充蛋白质有助于受伤肌肉和组织的修复以及疲劳、肌肉酸痛等症状的减轻。

蛋白质的食物来源分为动物性和植物性两大类。评价蛋白质营养价值的依据是必需氨基酸的含量及其模式。由于人体蛋白质以及食物蛋白质在必需氨基酸的种类和含量上存在着差异，因此在营养学上常用氨基酸模式即每克蛋白质中各种氨基酸的含量来反映这种差异。

当食物蛋白质氨基酸模式与人体蛋白质越接近时，必需氨基被机体利用的程度也越高,食物蛋白质的营养价值也相对增加。反之,食物蛋白质中被限制氨基酸种类多时,其营养价值相对较低。动物性蛋白质其氨基酸的可用性较高,植物性蛋白质相对较差。为了提高食物蛋白质的机体利用程度,可将动物和植物如谷类和豆类食品蛋白质混合使用。

蛋白质对运动能力的发挥和提高有着十分重要的作用,具体体现在以下方面:①能够增加肌内蛋白质合成,增加肌肉力量;②可以预防运动性贫血;③对体内胰岛素的分泌有良好、稳定的刺激效果,从而保持稳定的精神和体力状态;④提高中枢神经系统的兴奋性;⑤在长时间运动时,可以作为细胞的部分能源,提供运动中5%~15%的能量。

通常情况下,经常从事体育锻炼的人,蛋白质的需要量比普通人要高,正常膳食中蛋白质含量应占总量的12%~15%,为1.2~2.0g/kg体重。

不同运动项目的运动员所需蛋白质量也不尽相同。经常从事耐力型项目的人所需蛋白质量以1.2~1.5g/kg体重为宜;经常从事速度型运动项目的人蛋白质摄入量以1.6~1.8g/kg体重为宜。

人体在参加强度较大的体育活动之后,都可能会出现食欲下降、压力过大等现象,这会对饮食的正常摄入产生一定影响,这时候应该考虑摄入一定的营养补充品,以此来保证蛋白质的摄入。

3. 体育运动与脂肪

一般人的食物中脂肪占总热量的17%~25%为宜,运动量大的年轻人食物中的脂肪量最高不应超过35%。

脂肪是运动时被利用的能源,脂肪为运动提供能量主要来自脂肪酸的氧化。在一次长时间低强度的运动中,脂肪的氧化可提供总耗能量的50%~60%。长期进行体育运动可降低脂肪细胞平均体积，提高脂肪代谢的活性。

脂肪代谢对运动能力的重要性在于它能"节约"组织中糖原的能力。在进行长时间大强度的运动时，糖原贮备可以通过脂肪氧化的方式保存或"节省"下来，这就使运动员运动到最后阶段，运动强度超过身体的有氧代谢能力时，能有更多的糖原可供利用，因此，脂肪能提高机体耐力。

长期进行有氧运动，可以促进脂肪的氧化，降低血胆固醇和甘油三酯，使高密度脂蛋白（HDL）增高，从而减少冠状动脉疾病的发生，降低心脏病的发生风险。

对于健身者来说，膳食中适宜的脂肪量也应保持在总热量的25%~30%。其中饱和脂肪酸供能应小于10%，有10%的能量应来源于多不饱和脂肪酸，其他10%则应来源于单不饱和脂肪酸。基本上维持饱和脂肪酸（SFA）、单不饱和脂肪酸（MUFA）和多不饱和脂肪酸（PUFA）之间的比例为1∶1∶1。

4.体育运动与水

参加体育运动时，肌肉运动产生大量热量，使皮肤血流量增加，汗腺分泌大量汗液。运动员出汗的特点是出汗率高、出汗量大、失水量多。如在天热的环境里踢足球，运动员1h汗液的丢失量高达2~7L。运动中若不注意科学合理地补充水分，会造成机体内的水失衡。脱水会严重影响人的运动能力。脱水对运动员的影响不仅在于体温升高和心血管负担加重，还可导致肾脏受损。因此，运动中合理补充水分是十分重要的。

第一，运动前补水。运动前15~20min可少量补水，分次饮用，但运动前不应一次性大量饮水，因为这样会增加胃、心脏、肾脏负担，增加排尿和出汗量。

第二，运动中补水。运动中补水的目的在于防止过度脱水及过热引起的运动能力下降，补水可以起到维持血容量、电解质平衡及体温调节等作用。运动中每 15～30min 补充 200～300mL（1～2杯）运动饮料或水，最好采用含糖和无机盐的运动饮料来补充水分和电解质，因为在热环境下，运动饮料可以迅速地被组织吸收。

运动中不宜一次性大量饮水，因为水在胃中存留时会感到不适，影响膈肌运动和呼吸，反而会影响运动能力。

第三，运动后补水。运动后应及时补水，以保持体内的水分平衡。水分补充量应与汗液丢失量大体一致。补水不应过分集中，以少量多次为原则。若短时间内大量暴饮，虽然可解一时的渴感，但尿量和汗量将增加，加重体内电解质的进一步丢失，还会增加人体心肾的负担。大量饮水还会造成胃液稀释，影响食欲和消化，易导致胃病。

4. 体育运动与无机盐

人体是由多种元素组成的，除碳、氢、氧、氮以外的元素统称为无机盐。目前已经发现 20 多种人体必需的无机盐，占人体重量的 4%～5%。无机盐，也称矿物质，包括电解质（钾、钠、钙、镁、磷）和微量元素（铁、锌、碘、铜、铬、硒）。

无机盐是构成机体组织的重要材料，是细胞内液、外液的重要成分，是维持细胞内、外液渗透压和体液酸碱平衡的基础，具有维持神经、肌肉兴奋性的功能，是机体内具有特殊生理功能物质的重要组分，是许多酶系统的活化剂、辅助因子或组织成分。

食物中无机盐的含量比较丰富，人体所需无机盐主要从每天的饮食与饮水中获得。正常地食用各种食物，特别是蔬菜和水果，就能保证获得足够数量的基本无机盐，这些无机盐一般都能满足机体的需要。但是当膳食调配不当，偏食或患某些疾病时，也容易造成缺乏；运动过程中，由于丢失过多、代谢增加等原因，也使机体需要更多无机盐的补充。其中比较容易缺乏的元素是钙和铁，在一些特殊情况下也可能造成碘、锌、硒的缺乏。无机盐如果摄入过量也会出现中毒症状。

（三）不同训练对营养的需求

（1）力量练习的营养需求。力量性运动对肌肉质量的要求较高，而肌肉力量与肌肉蛋白质的增长有关。为了使肌肉发达，需要大量增加蛋白质的供给。营养学研究表明，每天对蛋白质的需求量青年男子约56g，青年女子为45g，进行力量性练习则要求更高，一般每天每千克体重不少于2g，且应占每日摄入总热量的20%左右。维生素B2可以促进肌肉蛋白质的合成，因而需要多食含维生素B2的食物。此外，还应补充适量的镁、钾、钙、钠等微量元素。

（2）速度练习的营养需求。速度的快慢与肌纤维的兴奋性、快肌纤维的百分比组成、肌肉力量的大小有关，运动时的能量来源主要由糖的无氧酵解供应。因此，速度素质的提高在营养上需要增加蛋白质、糖、维生素C、维生素B族、磷、镁及铁等营养素的摄入量。一般而言，蔬菜、水果、牛肉和兔肉等碱性食物可以很好地补充速度训练所需的营养，其应占一日总摄入量的15%~20%。

（3）耐力练习的营养需求。耐力性运动所需要的能量来源是体内储备的能源物质——糖原，体内糖原储备的多少直接影响人体的运动能力。膳食中糖占总热能供给量的60%~70%，成人每日每千克体重需4~6g糖，运动者需8~12g。如果耐力运动中出现抽筋症状，还应加补矿物质元素镁。

（4）灵敏练习的营养需求。灵敏性运动的特点是神经系统在运动中处于紧张的状态。虽然机体总的能量消耗不大，但神经系统的消耗却很大，因此热量供给不宜过多，而要加强神经系统的营养。

磷与神经系统的活动有密切关系，磷和脂肪合成磷脂是维持中枢神经系统正常状态所必需的物质。磷的需求量为成人每日15g，运动者则需要更多。

不同的练习对营养的要求不尽相同，但由于运动过程中体内物质代谢旺盛，因此无论哪种性质的运动项目，都应多供给机体维生素 B1 和维生素 C。

总之，合理地安排膳食营养是补充运动消耗、提高运动成绩、维护身体健康的重要措施。对体育锻炼膳食的基本要求是热量合理、酸碱平衡、维生素和矿物质充足、各种营养素比例恰当。

第二节 体育锻炼与心理健康

一、健康概述

健康是人类生存发展的一个基本要素。从现代健康观来看，一个完全健康的人，应包含躯体健康、心理健康、社会适应良好以及道德健康四方面。躯体健康是指人体生理的健康，躯体的形态、结构和功能正常，具有生活自理能力。心理健康是指能正确认识自己及周围环境的事和物，表现为人格是完整的、自我感觉良好、情绪稳定、积极向上，有较好的自控能力，保持心理上的平衡。

社会适应良好是指一个人的心理活动和行为，能适应复杂的环境变化，并为他人所理解和接受。道德健康是指能明辨是非，能按照社会规范的准则约束自己的言行，能为大众的幸福做出贡献。

（一）健康概念的演变

健康是个综合的概念。人们对健康的认识是随着物质生产的发展、社会环境的变化、科学技术的进步而不断变化的。特别是随着医学模式（健康观和疾病观的高度概括）的变化而演变和发展的。

生物医学模式上，生物学家和医学家在16世纪中叶开始对生命现象和人体结构进行充分的探索，推动自然科学的发展。生物医学模式就是在此种状态下产生的，其认为人健康的模式必须是保持躯体功能和结构的完整性，其以机体生物性和生物机体为研究出发点。医学也在生物医学模式的发展下取得巨大进步，但其对健康的认识还是流于表面：该生物医学模式对健康标准的判断只依靠人体结构和功能是否完好，不考虑心理和社会等其他因素，只关注人的生物性，认为健康就是"没有伤、没有病、没有残疾"，健康观既单一又狭隘，但人们的此种健康认识却存在了很长时间。

在心理社会医学模式上，十八九世纪，产业革命爆发，人口在城市中过于集中和流动，公共事业开始发展，但流行病也在越来越糟糕的生活环境下开始蔓延。但人们发现退行性疾病如溃疡病、癌症、精神病、高血压等的死亡率已经开始超过由生物带来的疫源疾病，疾病的发生开始与心理社会和环境因素紧密联系在一起。1970年，生物—心理—社会医学模式被美国学者恩格乐（G.L.Engle）提出，代替原来的生物模式。这一模式总结了引发人类疾病的因素，特别指出心理因素和社会因素，让人们从整体上改变对健康和疾病的认识。

生物医学模式依然对我国有着较大影响,具体可以体现在公共医疗卫生的投入上。人体在生物医学模式上发生的改变基本就是医疗诊断的基础,对病症的治疗习惯性地依赖于药物,常常忽视一些非生物因素如环境、社会和心理等产生的影响。

(二)健康理念解读

1. 树立全面科学的健康观念

人们长时间认为健康就是身体"强壮"或"无病",并且觉得当身体出现疾病时,只要通过治疗就会获得健康。这只是一种直观片面的理解,是不确切的。健康与疾病虽然有联系,但此种联系并不是绝对的,它们中间也会出现其他状态,例如亚健康,虽然表面上没有体现出任何症状,但绝对不能视为完全健康。此外,还有一种健康说法,认为健康就是"肌体活动正常",但这并不全面,因为没有看到人的社会属性,只是看到人的生物属性,没有意识到人也是会受到心理因素和社会因素的影响。人只有社会、心理和躯体的状态都完好才是健康,这是现代医学给出的概念。

世界卫生组织于1989年在健康概念中添加了"道德健康",将人的健康总结为四个方面,即躯体健康、道德健康和心理健康以及适应社会能力,重新定义健康的概念,表达出更全面、精准的健康内涵,极大地推动了人类文明的发展。

2. 树立以预防为主、群防群治的新观念

人在健康状况良好、生活学习正常时,体会不到疾病对生命和事业发展的威胁。只有在病魔缠身、感受着疾病带来的病痛时,特别是在危及生命、影响正常生活学习时才不得不去医院诊治。

这种传统观念，致使人们承受许多精神负担和肉体痛苦，而且有明显病症才治疗往往既浪费时间又花销较大。

我国古代早有"治未病不治已病"的以预防为主的思想观念。预防疾病比治疗疾病对维护人的健康和生命具有更重要的作用。

有病求医，这是很自然的。但是如果防治疾病全靠医生，对医生产生依赖心理就是维护自身健康的消极态度。实际上医生并非疾病康复主体，真正的主体是自己。健康是一项基本人权，不仅政府要管，自己也有权利和义务维护自身健康，并对自己的生命和健康负责，积极主动地参加各种医疗保健活动，从而建立群防群治的意识。

3. 树立自主生命、自我保健的正确意识

人体本应健康，因为自身拥有维系健康的自主能力，但社会压力、环境污染、饮食结构不合理及不良生活习惯等因素，导致人体与生俱来的自主能力逐渐衰退。人们养成对医药的依赖，并让医药的治疗作用逐步取代机体固有的免疫机能，如此恶性循环下去，人体最终将丧失真实的健康，只剩下依赖医药维系的表面健康假象。

一个人的健康或不健康都有主观和客观两方面因素。旧时代的常见病和致命病多为各种营养不良、急性传染病、寄生虫病、结核病。这些病虽有病者本人的因素，但起主导作用的却是社会和环境因素。这些病因后来得到控制，主要也是客观方面的改变，如生活水平的提高、生活环境的改变、预防疫苗的应用等。现在的常见病如心血管疾病、呼吸系统疾病则不同，其主要与自身的生活方式有极密切关系。因此，防治这些疾病必须从改变不良的生活习惯着手。要由过去依靠客观变化和药物的观念，转到努力提高自我保健能力方面来。

自我保健就是个人应用卫生措施，利用多种形式进行自我诊断、治疗、康复和预防保健，开展自救和互救，依靠自身的努力达到保健目的。自我保健要使个人形成"自我保健—健康—自我保健—更健康"的良性循环。学生自我保健应符合学校总目标，为培养德、智、体、美、劳全面发展的合格人才服务。自我保健是学生运用自身力量和卫生技能，通过保护自己身心健康，成为国家所需要的人才，所以学生自我保健的作用不可忽视。体育教师也应配合学校，积极培养学生自我保健意识和自我保健能力。

（三）健康素质及其意义

教育家、心理学家认为，素质是指人在后天通过环境影响和教育训练所获得的稳定的、长期发挥作用的基本的品质结构。素质是在先天的生理（也就是先天禀赋）的基础上，通过环境和教育的影响从而在后天获得的相对稳定的属性。

健康素质是人的素质的重要组成部分。它是一个人在先天生理基础上，在身体健康方面，利用锻炼等所培养出的基本品质，更加稳定。与运动素质相比，健康素质所展现出的人体机能更多来源于实际生活，所以对人身体的综合健康表现得更为明显。

1.健康素质的主要因素

健康素质包括以下主要因素：

（1）心肺功能。其指心脏、肺脏、血管功能状况，它主要表现了循环系统和呼吸系统的能力。

（2）身体成分。这主要指人体脂肪含量与去脂体重在整体中所占的百分比。

（3）肌肉力量和耐力。肌肉力量是指肌肉和肌群克服阻力的能力，耐力是肌肉和肌群在一段时间内重复进行收缩的能力。

（4）柔韧性。这是指身体各关节活动范围以及关节周围肌肉、肌腱、韧带、皮肤及其他组织的弹性和伸展能力。

2.健康素质的意义

健康素质对健康程度的影响，除了有遗传、营养、社会、环境等因素外，主要是运动锻炼因素在起作用。健康素质的发展是经过不断的身体锻炼才得以实现的，因此它对健康的影响是明显的。对于广大青少年来说，增进健康水平，必须努力发展健康素质。另外，体能就是人的心脏、血管、脏腑及肌肉组织都能发挥相当有效的作用时机体所表现出的能力。这种能力是人的身体健康素质的一种反映和体现。其中心血管系统健康状况、身体成分与健康关系最为密切，应归类于健康素质，而速度、灵敏等素质则主要决定运动能力，因此应归类于运动素质，但两者都是身体素质的组成部分，并且有密切联系。20世纪80年代，体育教育界由于受上述体育教育理论和教育思想的影响，在相当广泛的范围内推行了"最佳体适能运动模式"，这种模式的推行就是要大力发展青少年的健康素质，并且进一步增强体能，增进健康水平。

二、大学生心理健康和心理素质

长期的体育锻炼对心理健康具有调控、促进作用。大学生应学会通过体育锻炼获得健心效用，以此来保证心理健康。

（一）心理健康的基本条件

在现代社会生活中，对于健康的要求标准是兼具健康的体魄、健全的心理以及较强的社会适应力。这一定义摒弃了"无病即健康"的生物学健康观。

不同人对心理健康这一概念的认知不同，一般而言，所谓心理健康即指个体充分发挥身体及心理机能，使个体处于良好、积极的状态，从而有能力应对各种社会环境及社会问题。

大学生心理健康应符合以下条件：

（1）智力发育正常。所谓智力即指个体能够从事社会活动和认知世界的水平。它是个体认识世界、改造世界的基础和前提。求知欲是智力最直观的体现，一般而言，智力正常的人都表现出一定的求知欲，并在此基础上提升自身其他方面的能力，如记忆力、思维能力等，从而更好地适应社会环境，解决社会问题。

（2）人格完整。所谓人格即指个体心理特征的总和，包括清醒的自我认知，准确的自我定位，具有适当的情绪调节能力，积极进取，有强烈的责任感，对生活充满信心和希望。

（3）自我评价正确。大学生的自我评价一般是在人际交往与社会实践中形成的，准确的自我评价是大学生自我认知能力的体现，同时也标志着大学生心理呈现健康状态。因此，可以从大学生的自我评价及认知等角度来衡量其心理是否健康。

（4）情绪健康。衡量一个人情绪是否健康一般从情绪是否稳定和心情是否愉悦两个方面来考虑。良好的情绪是个体参与社会活动的必要条件，它时刻影响着个体的心理状态。如果一个人长期处于情绪异常状态，那么往往会诱发一些心理疾病。因此，情绪健康是衡量大学生心理健康的重要标准。其包括以下三方面内容：①经常保持愉悦的情绪；②善于控制和调节自己的情绪，使情绪一直处于稳定状态；③情绪往往是由一定的原因引起的。

（5）意志健全。所谓意志即指人完成社会活动时内心所做的选择、判断等一系列过程，其一般表现在自觉性、果断性等行为特性上。对于大学生而言，具备健全的意志十分重要。因为健全的意志能帮助大学生树立高度的自觉性，能引导大学生勇敢地面对生活中存在的困难并采取相应措施,能提醒大学生时刻注意自己的言行、有效控制自身情绪,而不至于出现轻率鲁莽、意志薄弱等情况。

(6)人际关系和谐。人际关系和谐往往表现为能够用积极、乐观、包容的心态与他人相处。

(7)心理承受能力良好。心理承受能力良好即指能在各种场合中都保持良好的心理状态,其既包括良好的情绪控制能力,又包括坚毅的品质,还包括准确合理的自我评价。

(8)心理行为符合大学生的年龄特征。大学生身份及社会地位的特殊性使得其心理行为特征应与年龄、身份等相匹配。如果出现较大偏差,则认为这样的大学生心理是不健康的。

(二)心理发育的主要特点

大学生的认知、情感、意志、个性等主要心理过程和心理特征正处在一个动态的调节过程之中,并且由过去的被动性调节逐渐转为主动自我调节。因而,该时期的心理变化是一生中最复杂、波动最大的,其特点明显地从以下四个方面呈现出来:

(1)自我意识方面。进入大学之后,大学生的自我评价能力和自我控制能力较中学时代有所提高,但发展的水平参差不齐,有的能够控制自己,有的却易受情绪波动的影响。不管水平如何,他们的目的都是一致的,即通过自我认知、自我教育、自我反思等行为来塑造良好的个人形象。

(2)情感方面。与中小学生相比,大学生的情绪波动变小,内心情感也变得相对复杂。受到年龄影响,大学生在处理感情问题时缺少中小学生的单纯、天真,转而表现为内敛、含蓄。此外,他们的感情里还存在敏感、自私等负面心理特征。

（3）意志方面。从高中升入大学，标志着一个青年踏上独立生活和成人社会的路途。由于受到各种社会因素的影响，他们的自我认知意识越来越强，能对自己的行为进行清晰的规划，这是值得肯定的。但是，他们的意志仍不坚定，容易动摇，具体表现在有些大学生意志力不强，心理承受能力差，有些大学生处理问题时优柔寡断、主次不分等。

（4）性格方面。大学生的性格逐渐趋于稳定状态，其行为习惯、自我认知等方面较中学生稳重很多。他们有自己的想法以及为人处事的能力，能够适应并参与社会生活。虽然有了一系列变化，但是部分大学生的性格发展还未达到成熟阶段，因此需要通过自我教育、自我约束等方式来不断提升自我。

三、体育锻炼对大学生心理健康的促进作用

体育锻炼对健康心理有着积极的作用。通过体育锻炼，可保持积极的情绪状态，充分发挥自己的潜能，培养自己克服困难、应对挫折的能力。

第一，体育锻炼可以促进智力发展。体育锻炼能很好地促进人体的神经系统机能以及血液循环。长期进行体育锻炼，心肺功能会不断增强，人体新陈代谢速度也会显著提升。这一系列改变，能够使大脑获得更多氧气，而这些氧气就为记忆力及思维力提供了充足的物质保证，从而促进智力的发育。

第二，体育锻炼可以完善人格。体育锻炼是身体运动的过程，这一过程往往伴随着各种乐趣和挑战。多样的形式、复杂的过程、待定的结果，以及在这一过程中会碰到的各种困难，如生理的不良状态、气候环境的变化、动作学习的难度、畏惧心理、疲劳以及运动损伤等，在解决这些问题、克服这些困难的同时，人们的

心理承受能力日趋提升，意志力日趋顽强，乐观的心态日趋树立，可以进一步完善人格。

第三，体育锻炼能够确立良好的自我概念。自我概念是个体主观上对自己的身体、思想和感情的整体评价，它是由许许多多的自我认识所组成的，如"我是什么人""我主张什么""我喜欢什么"等。自我概念与身体表象——"头脑中形成的身体图像"和身体自尊——"个体对自己运动能力及身体外貌、身体抵抗和健康状况的评价"有关。研究表明，人的身体自尊及自信心与肌肉力量密切相关。长期坚持体育运动，可以很好地改变人体的外在形态，使得个体对于自我的外在形象形成更高层次的认知，从而增强个体自信心。

第四，体育锻炼有利于形成和谐的人际关系。在网络盛行的年代，面对面的社交逐步被网络社交所取代，使得人际关系在一定程度上渐渐疏远，而体育锻炼能有效地打破这一局面。体育锻炼可以让不同层次、不同年龄阶段的人相聚在一起，为其进行良好的人际交往提供机会和平台。这样的社交形式，可以使个体忘却烦恼、痛苦，消除孤独感，同时能有效地促进与他人协作能力的提高。

第五，体育锻炼能助人消除心理疾患。一定强度的体育锻炼能有效治愈人的心理疾病。资料显示，长期坚持体育锻炼能够有效地对抗抑郁症。这是因为运动时身体处于兴奋状态，此时会传输一种自我成就的认知给大脑，从而使大脑产生愉悦感。

第三节 体育锻炼与卫生保健

一、个人卫生的基本常识

体育卫生中的重要组成部分就是个人卫生。个人卫生状况也是衡量一个体育运动者是否合格的重要指标。

(一) 养成良好的生活作息习惯

生活作息是根据一定的规律安排一天内饮食、工作、休息、锻炼等活动的时间。

人体的大脑皮质活动"动力定型"是指人体的大脑皮层会支配人体的所有活动,而且会形成一定的规律和秩序。建立动力定型后,会确保机体做好必要的生理准备来应对需要进行的活动。比如,当个体形成体育锻炼习惯后,到锻炼时间,人体的神经系统就会产生兴奋性,从而使得人体的循环系统以及呼吸系统等都为进行体育锻炼做好相应的身体准备。良好的生活作息习惯具体如下:

(1) 保持良好的睡眠。
(2) 形成好的饮食卫生习惯。
(3) 合理地安排工作和学习、休息时间。
(4) 养成良好的体育锻炼习惯。
(5) 保持自然力锻炼。

（6）经常进行空气浴。

（7）经常以冷水沐浴。

（8）进行日光浴。

（二）保护好皮肤

皮肤是人体的重要感觉器官，可以对机体起到保护作用。大量的汗腺、神经末梢和皮脂腺分布在皮肤中。若是体育锻炼后没有及时进行清洗，则有可能造成皮肤中的细菌大量滋生，引发毛囊炎和疖肿等疾病。

二、体育锻炼的卫生常识

（一）遵循体育锻炼原则

以下基本运动训练原则可以确保个体的运动技术水平得到提高，并同时保障其身心健康发展。

1. 循序渐进的原则

在进行运动技能的学习时，要遵循从简到难、循序渐进的原则，这样才能更好地掌握好一项运动技能。还要注意运动量也要逐步加大，不能一蹴而就。在锻炼之前，也要进行相应的准备活动和整理活动。

学习运动技能也要遵循一定的生理学规律，因为运动技能的学习与掌握是和大脑神经联系在一起的。运动技能的掌握主要经历以下阶段：

首先是兴奋过程被大面积地扩散。当开始接触某一项运动时，人体的中枢神经系统会接收到来自本体的感受性冲击，加上内抑制还未完全成立，使得大脑皮层会分成两个区，一个是兴奋区，另一个是抑制区,而且随着两个区的不断扩散,会引发更多的肌群参与进来。此时由于收缩肌肉兴奋强度还未达到需要的程度,所以运动器官和内脏之间的联系还有待加强。这也对动作的顺利完成产生了较大的抑制作用,且导致过多热量的消耗。这时,个体对运动技能的掌握程度还非常有限。

其次是逐渐产生分化制或者说内抑制,从而使得在同一时间和空间中快速地产生皮层兴奋和抑制作用,实现分化。内抑制有利于专门化和精准化条件反射的建立,从而促进运动的协调性。许多运动模式需要在准确时间、空间以及频率内将肌肉群集中起来完成某一个动作。这时候,对运动技能的掌握基本已经到了比较娴熟的阶段。

最后是进入稳定发展时期,这一时期可以较准确地完成各种比较有难度的动作,皮层动力也开始趋于稳定化,机体的协调性得到较好发展,并使得很多动作技能可以自然而然地完成。

以上所述表明,任何一项运动技能的掌握和学习都需要经历循序渐进的过程,在训练中遵循这一原则能够有效地减少机体损伤和缓解紧张情绪。

2. 系统性原则

运动锻炼一定要注意系统性,并不断地进行巩固和练习,才能最终形成一定的运动技能。当已经建立起一定的条件反射后,还需要不断进行强化和巩固。此外,运动员突然不进行运动,还会引发停训综合征等,对身体的健康发展产生不利影响,所以若是不再参与锻炼,应该逐步地减少锻炼量直至停止。

3. 个别对待原则

先要了解参加运动个体的身体素质、技术水平、性别年龄、心理状态以及健康状况,才能开展有关的运动训练,并安排合理的计划。运动量大且具有一定复杂度的运动适合身体素质较好的个体，而体弱者不适宜一次性进行较大量的运动，当然针对患者某种慢性疾病的个体，更需要谨慎选择适合的体育运动项目。

（二）做好准备活动与整理活动

体育锻炼是从静态发展到动态再变回到静态的系列过程，在这一过程的转变中，准备活动和整理活动起到了过渡作用。

1. 准备活动

所谓准备活动就是在进行正式的体育锻炼之前要进行各种热身活动，主要目的是打破身体安静状态时的生理平衡，从而使得各个内脏器官积极地调整到运动状态。

准备活动能够使得中枢神经系统达到一定的兴奋程度，并扩展韧带、肌肉以及关节的活动范围；调节各个内脏器官的运动状态，并强化心血管和呼吸器官的运动，为全身器官做好运动准备，有效预防运动伤害的发生。一般而言，可以将准备活动分成两类，一是一般性准备活动，二是专门性准备活动。从先后顺序来说，应该先做一般性准备活动，通常的手段有跑、走和徒手操等，之后再进行专门性的准备活动，比如高抬腿、后蹬跑、小步跑等。

要从不同的季节、气候和锻炼项目、强度以及内容等来选择准备运动的量和强度等，身体发热、稍微出汗并个人感觉良好、舒适则可。

2. 整理活动

整理活动和准备活动是相对的，是在体育运动之后进行的放松练习，整理活动是为了有效地缓解疲劳，巩固运动效果，也是将个体的身体状况从运动状态调整为安静状态，让身体保持平衡状态。

运动会造成身体的生理状态出现失衡，从而使得身体产生一系列生理反应，而且这一变化是持续的，调整至恢复平衡状态也需要一定的缓冲时间，所以剧烈运动之后需要一些缓冲练习来保证身体机能的恢复。运动之后的整理活动必不可少。

整理活动的目标是放松全身，所以其练习也需要选择一些较轻松、柔和的动作，以便逐步地减少运动量，并逐步放缓运动节奏、呼吸频率和心率等，这通常需要 15~20s。比如，长跑之后不能马上停下，而是要经过一段距离的慢跑，或者是进行深呼吸。完成整理活动后，还应该保持身体的暖和度，以防止身体受凉。

三、女子体育的卫生常识

由于女性参加体育活动增多和运动成绩的不断提高，剧烈运动引起女性的生理反应，特别是对生殖机能的影响，是人们最关注的问题。女性与男性相比，有性别的差异。因此，在体育锻炼和训练时应考虑到女性生理解剖特点及其运动能力。

（一）女子的生理特点

（1）体型特征。女子的身型一般是上身长、下身短，四肢骨骼较短。成年后上体会变成长窄短粗的特征，使得女子的重心更低，具有较好的稳定性，比较容易完成平衡动作，不过在跳高、跳远和速度类的运动项目中比较不占优势。

（2）体脂特征。女子的体脂占到身体总重的25%，男子一般只占到15%。女子的皮下脂肪达到男子的2倍左右，并大部分都分布在臀部、腿部以及胸部，这样不但能够起到很好的保温作用，也具有一定的缓冲保护效果。

（3）肌肉力量。女子的肌肉力量往往比同龄男子要低，尤其表现在速度和爆发力上。女子和男子相比，同等负荷下的速度要慢一些，而且力量也会小很多。

（4）氧运输系统。女子的呼吸肌力量要远远低于男子，加上受气道阻力的影响，所以女子的肺通气量和肺活量力度都不如男子，女子的血红蛋白含量、心脏承受力等都要低于男子，所以女子的运动能力往往要比男子差，耐酸能力也比男子弱。

（二）女子的体育卫生注意事项

女子进行一定的体育锻炼是很有益处的，有利于身心健康，不过以下注意事项需要特别重视：

首先，女子在发育期时，身体形态、机能、心理、生殖系统以及素质都会产生很大改变，所以体育锻炼项目、运动负荷量要区别于男子。

其次，和男子比较起来，女子呼吸系统、运动器官系统和心血管系统都较弱，所以选择体育锻炼项目时要与自身的能力相适应。

再次，女子和男子相比，肌肉力量要小很多，有氧和无氧代谢能力也赶不上男子，所以不太适合悬垂摆动等运动。

最后，女子的腰背肌、骨盆后肌、骨盆底肌以及肩带肌等部位的肌肉力量最为薄弱，所以要有意识地加强这些部位的肌肉锻炼。

（三）女子月经期的体育卫生

月经期更加需要选择适宜的锻炼，这对女子的身体健康影响非常大。月经期的锻炼一定要注意适度性，防止过度。若是平常经常参加锻炼,且无痛经等症状,则应该适当地进行一些锻炼,需要注意的是运动量要比平常小;如果平时不经常进行体育锻炼,月经期也不建议进行锻炼,以防身体不适。

月经初潮之后的一到两年时间里,性腺分泌周期还没确定,经期时间也不稳定,所以只适合进行一些缓和的体育锻炼。而且,以下也是经期锻炼需要特别注意的事项:首先,注意运动的负荷程度,比如快速跑、跳高、跳远、举重、长跑等都不太适宜。其次,若是经期有不适情况出现,如下腹痛、经血量过大或者过小,经期时间不稳定,有盆腔炎症等,则不要进行任何体育锻炼。再次,女子在经期一定不能参与游泳运动,这容易造成细菌的侵入,也有可能引起子宫痉挛等。最后,女子在经期建议不要参加体育竞赛,日常有训练习惯的,也需要注意锻炼的适度性原则。

第四节 运动损伤的预防及处理

在体育运动中所发生的损伤,统称运动损伤。了解运动损伤的分类、发生原因及其防治,有利于改善运动条件,使体育锻炼更好地起到促进身心健康的效果。

一、运动损伤的类型

一般情况下,我们会从以下几个方面入手,对运动损伤进行分类:

首先,根据损伤组织的不同进行分类,可以将运动损伤分为肌肉肌腱损伤、骨折、滑囊损伤、关节囊损伤、脑震荡损伤、关节脱位、神经损伤以及内脏损伤等。

其次，可以根据创伤部位是否和外界有连接口进行分类，如果有创伤口和外界相通，而且创伤部位的皮肤破裂或者黏膜破裂，导致血液或者组织液流出，那么这样的创伤叫作开放性损伤，常见的开放性损伤有擦伤、刺伤等；如果没有创伤口和外界相通，且创伤部位没有创口，皮肤黏膜完整，创伤部位的血液和组织液都聚集在创伤组织内部，那么这样的创伤叫作闭合性损伤，常见的闭合性损伤有关节损伤、肌肉拉伤等。

最后，可以根据发病的缓急将损伤分为两种，如果是遭受了瞬间的撞击或者暴力造成的身体损伤，则这类伤叫作急性损伤，这类损伤发生得快，症状来得也快，得病过程比较短；如果是因为长时间的负担过重，造成身体积累的细小损伤爆发而形成了损伤，则称它为慢性损伤。

二、常见运动损伤的处理

（一）出血的处理

在运动损伤中出血是一种非常常见的症状，可以根据内外的不同将出血分为两种：首先是外出血，指的是动脉、静脉以及毛细血管出血，如果血成喷射状，并且颜色非常鲜红，那么就可以判定其为动脉出血；如果血颜色比较暗，是不断涌出来的，那么可以判断其是静脉出血；如果血是非常缓慢地渗出来，那么可以判定为毛细血管出血。

一个成人正常的血液量维持在4~5L，如果运动员突然大出血，血量超过身体总量的20%，那么会表现出口渴、头晕、面部没有血色等症状，如果血量超过了总量的30%，那么运动员的生命安全会受到威胁，所以如果一旦发现运动员有外出血的症状，特别是大动脉，那么必须立即为运动员做止血包扎，如果内脏或者脑颅当中有出血的症状,应该马上到医院处理。

止血处理主要使用三种方法:

首先,冷敷法。这种方法主要针对急性的闭合性软组织损伤,经常使用的处理方式是用冷水冲洗组织损伤处或者用冷毛巾冷敷,如果条件允许,则可以使用氯化烷喷剂。

其次,抬高伤肢法。这种方法主要针对四肢出血,可以将肢体抬高,这样有利于降低损伤处的血压,能够有效减少出血量。

最后,压迫法。这主要包括指压法、绷带加压包扎法和止血带法。

(1)指压法。指压法是使用手指指腹按住靠近心脏一端的动脉,阻止血液快速流动,进而达到止血目的。这种方法主要针对的是动脉出血,优点是简单操作,快速止血,可用于临时性的止血。

现将身体不同部位出血的动脉管压迫方法介绍如下:

额部、颞部出血:这种情况的出血应先将伤员的头固定住,然后将拇指按压在耳屏前方一指宽的地方,这里有颞浅动脉,按压住这里的动脉可以阻止同侧的额部、颞部出血。

眼以下面部出血:在下颌角前约1.5cm处摸到颌外动脉搏动后,用拇指将该动脉压迫在下颌骨上,可止同侧面部出血。

肩部和上臂部出血:在锁骨上窝内1/3处摸到锁骨下动脉搏动后,用拇指把该血管压迫在第一肋骨上,可止同侧肩、腋部及上臂出血。

前臂和手出血:将伤臂稍外展、外旋,在肱二头肌内缘中点处摸到肱动脉搏动后,用拇指或食指、中指、无名指三指将该动脉压迫在肱骨上,可止同侧前臂和手部出血。

大腿和小腿出血:使伤员仰卧,患腿稍外展、外旋,在腹股沟中点稍下方摸到股动脉搏动后,用双手拇指重叠(或掌根)把该动脉压迫在耻骨上,可止同侧下肢出血。

足部出血：在踝关节背侧，于胫骨远端摸到胫前动脉搏动后，把该动脉压迫在胫骨上；在内踝后方，将胫后动脉压迫在胫骨上。可止足部出血。

（2）绷带加压包扎法。使用这种方法时应该先使用无菌敷料盖在伤口处，然后再用绷带施加压力包扎，这种方式能够防止血管出血，达到止血的目的。与此同时，应该将伤口处抬高，这种方法比较适用于小动脉、静脉以及毛细血管的损伤。

（3）止血带法。这种方法指的是使用宽一点的布条、绳子或者是胶管等细长类的条状物放在伤口靠近心脏的一端，如果遇到大动脉出血的情况，则应该为伤员戴上止血带，可以有效止血。如果是上肢出血，则应该将止血带系在伤员上臂的1/3处，不可以将止血带包扎在中段，那样可能会造成神经损伤；如果是下肢有出血情况，则应该将止血带扎在中部。

特别需要强调的是，使用止血带之前应该先把肢体抬高，这样做的目的是让静脉当中的血回流，而且在包扎之前应该使用软一点的材料把受伤部位垫高。止血带应该扎到摸不到动脉的程度，扎完止血带之后应该在30~60min的时间内松开一次，放松时间应该维持在3~5min，这样做的目的是避免组织缺氧坏死，在放松的时间段可以使用指压法止血。

（二）软组织损伤的处理

软组织主要包括皮肤肌肉、皮下组织、关节囊、神经韧带、血管等，软组织容易受到外力作用的改变，进而导致组织功能、组织结构发生异常，这就是我们经常说的软组织损伤。软组织损伤主要有两种：一种是开放性损伤，指的是软组织擦伤或者是软组织撕裂；另外一种是闭合性损伤，如挫伤、肌肉拉伤等。

1. 擦伤

擦伤是运动过程中经常出现的一种身体损伤，主要发生在摔倒、对抗的过程中。其主要症状为皮肤出血，组织液渗出，形成伤口。处理方法为如果擦伤伤口比较小，则可以清理干净伤口，然后涂抹红药水；如果擦伤面积比较大，那么应该用生理盐水清洗伤口，然后再涂红药水，最后还要进行纱布包扎。

2. 撕裂伤

如果运动比较剧烈，或者在运动过程中受到了突然的剧烈撞击，那么可能会导致肌肉撕裂，比如眉际撕裂。其主要症状为伤口不平整，有轻微的软组织损伤。处理方法为如果损伤程度较轻，则可以使用红药水涂抹；如果损伤程度较重，则应该及时止血，并且去医院缝合伤口，必要的时候，还应该注射破伤风抗毒血清以避免感染。

3. 挫伤

挫伤也叫作撞伤，指的是皮肤受到重物撞击或者硬物击打而引起的皮肤损伤。挫伤可以分为两种：一种是单纯性挫伤，指的是只有皮肤或者皮下组织发生损伤；另一种是混合性挫伤，指的是在单纯性挫伤的基础上，身体的其他器官也受到了损伤，举例来说，如果我们的腹部受到了撞击，那么不仅皮肤组织会受伤，我们身体的内脏器官也有可能会破裂。正常来讲，挫伤主要发生在腿部、脑部和腹部。

挫伤的主要症状如下：单纯性的挫伤伤口会出现疼痛、瘀血或者肿胀的情况，肢体的运动功能会受到一定的阻碍。如果是内脏受伤，那么可能会导致运动员出现心慌出汗、脸色发白、烦躁，严重时可能会导致休克。

挫伤的处理方法如下：如果是单纯性挫伤，则应该及时冷敷并且加压包扎，可以抬高损伤部位，并且外敷中药，在24h之后对损伤部位进行按摩或者理疗，在伤口进入恢复期之后，可以针对损伤进行有针对性的功能训练，混合性挫伤应该先进行急救处理，然后送到医院做细致的检查。

4.肌肉拉伤

肌肉拉伤指的是肌肉自主的强烈收缩或者是在外力的作用下被动拉长进而导致的肌肉损伤、肌肉撕裂，在运动中肌肉拉伤非常常见，比如引体向上、仰卧起坐等都容易造成肌肉拉伤。

肌肉拉伤的主要症状如下：发生肌肉拉伤之后，拉伤部位会疼痛、痉挛或者肿胀，摸起来会偏硬，如果拉伤严重，那么可能会伴有断裂声，肿胀会非常明显，疼痛也会加剧，而且皮肤组织下会有瘀血，会导致肢体的运动功能受到损害，肌肉有可能会变形。如果肌纤维发生部分断裂，那么伤口处会直接凹陷；如果是肌腹中间完全断裂，那么会导致身体发生双驼峰形式的变形；若是肌纤维一端断裂，则肌肉会发生球状的变形。

肌肉拉伤的处理方法如下：如果损伤较轻，则可以使用冷敷的方法，在冷敷之后进行包扎，在24h之后可以配合一定的按摩和理疗；如果严重断裂，则应该去往医院进行缝合。

（三）关节韧带损伤的处理

关节韧带损伤指的是在外力的作用下关节发生异常扭曲，进而使韧带发生了损伤，韧带损伤会导致周围的软组织也发生损伤，比较常见的韧带损伤部位是腰部关节、脚踝关节、肩关节等。比如，我们在打排球或者篮球时，如果用力扣球，则可能会造成肩部关节的损伤；如果我们跳远时后腿摆动过大，那么可能会造成腰部的损伤；如果发生摔倒或者撞击，那么可能会造成髌骨损伤；

当我们从高处往下跳时，因为身体失去了平衡，所以会导致踝关节发生损伤。

关节韧带损伤的主要症状为损伤处会伴随疼痛，也可能会肿胀，出现瘀血，关节的功能会有一定的损害。

关节韧带损伤的处理方法如下：普通的扭伤应及时冷敷，并且加压包扎即可，在24h之后也可以配合按摩、针灸、理疗，进入恢复期之后，可以进行一定的功能训练，如果腰部损伤是急性的，并且伴随疼痛，那么应该先让患者躺平，然后使用担架送往医院治疗，在治疗之后，应该躺在硬板床上或者在腰部下面垫一个小一点的枕头，这可以让腰部放松。

（四）关节脱位的处理

关节脱位指的是外力作用下关节和关节之间没有了正常的连接关系，也就是我们日常说的脱臼。关节脱位主要有两种：一种是完全的脱位，另一种是半脱位，也叫作错位。关节脱位部位比较常见的是肩关节、肘关节。如果脱位严重可能会造成关节囊的损伤。

关节脱位的主要症状如下：经常会伴有畸形，会立马感觉到剧烈的疼痛，脱位关节会有明显的肿胀，关节功能也会受到影响，有时还可能会出现肌肉痉挛甚至休克。

关节脱位的处理方法如下：可以先使用绷带或者夹板把受伤的部位固定住，然后及时去医院治疗，需要注意的是如果没有相关的治疗经验，不可以随意地为患者做复位动作，容易造成病情的加重。

（五）骨折的处理

骨折指的是在外力的作用下骨头受到了破坏，造成骨头连续性以及骨头完整性的丧失。比较常见的骨折部位有手指、小腿、肋骨、肱骨、尺骨。

如果在运动过程中，身体部位受到了大力的撞击，那么可能会造成骨折，比如当我们突然摔倒时，手臂下意识地撑在地上就可能会造成尺骨骨折。

骨折的主要症状为骨折部位会有明显的疼痛，损伤部位也无法正常发挥功能，而且肌肉会发生变形，也可能会伴随痉挛。如果情况严重，则可能会导致出血、休克、神经损伤等。

骨折的处理方法如下：如果发生了骨折，那么应该将骨折处固定住；如果出现了休克，那么应该对患者进行人工呼吸；如果有部位出血，那么应该及时止血，并且立即到医院就医。

（六）脑震荡的处理

脑震荡是指头部受到外力打击后，脑神经细胞和神经纤维普遍受到震荡后所引起的意识和功能的一般性障碍。脑震荡的常见原因是摔倒时头部着地，头部受到外力打击等。

（1）主要症状。伤后即刻发生意识丧失、呼吸表浅、脉搏缓慢、肌肉松弛，瞳孔稍放大但左右对称；清醒后，常伴有头晕、头痛、恶心或呕吐、失眠、耳鸣和记忆力减退等。

（2）处理方法。立即让患者平卧，不可坐起或立起，头部冷敷，注意保暖。对昏迷者可用手指掐点人中、内关等穴位或给嗅闻氨水。呼吸障碍者，可施行人工呼吸，并立即送医院诊治。患者在恢复期，要保持环境安静，卧床休息，直至头痛、头晕症状消失。切忌过早地参加体育运动和脑力劳动。

（七）溺水的处理

溺水是指被水淹的人由于呼吸道遇水刺激发生痉挛，收缩梗阻，造成窒息和缺氧。如果时间稍长，则会因缺氧而危及生命。

（1）主要症状。窒息后，脸色苍白、眼睛充血、口鼻充满泡沫、四肢冰冷、神志昏迷、胃腹满水鼓起，直至呼吸、心跳停止。

（2）处理方法。将溺水者救上岸后，应立即清除其口腔内的异物，并进行倒水；及时进行人工呼吸；清醒后立即送医院进一步治疗。在运送途中密切观察溺水者情况，必要时继续进行人工呼吸。

人工呼吸有非常多的方法，众多方法中最有效的一种是口对口的人工呼吸搭配心脏胸外挤压的方法。如果情况严重，可以同时使用两种方法，两种方法的使用者应该在频率上以 1∶4 的比例进行配合。

口对口人工呼吸方法。首先松开受伤人员的衣领、裤带以及胸腹的衣服，然后使受伤者的头部后仰，并且捏住受伤者的鼻孔，托起他的下颚。与此同时，压住食道，防止空气进到胃部，深吸一口气将呼出的气体送到伤者的口中，随后松开手指，然后有节奏地重复刚才的过程，一直到患者能够恢复自主呼吸。

心脏胸外挤压方法。应该将患者放在平地上，让患者保持仰卧的姿势，然后急救者两手上下交叉重叠，用手掌的位置去有规律地压患者的胸骨下方部位，急救者的肘关节应该保持直立的状态，用身体的重量和肩膀部的力量适度用力下压（不能用力太猛，以防骨折），将胸骨下压 3～4cm 为度，随即松手（手不离开胸骨）使胸骨复原，如此反复有节律地（60～80 次/分钟）进行，直至心跳恢复为止。

第五节 体育锻炼与身体素质

当人们进行运动时所表现出来的力量、速度、体力、柔韧性和灵敏度等，我们称之为身体素质。我们自身的骨骼形态、结构、内脏的机能和神经系统的调节能力等都决定着身体素质的发展基础。所以，身体素质是一种肌肉活动，它离不开健康的人体器官和系统的机能。由于不同运动项目具有不同的本质属性，因而各个项目的运动员具有与其运动项目相适应的专项身体素质。

一、体育锻炼与力量素质

肌肉进行活动时对抗外来力量的能力称为力量素质，它是我们完成各种运动的基础。因为几乎所有的运动都需要对抗外来力量，所以培养力量素质的能力，能让我们拥有较强的身体稳定性，从而减少运动损伤，保证运动训练的正常进行。因此，力量素质是人体最重要的身体素质。

（一）力量素质的生物学基础

力量素质主要与肌肉的体积、肌肉长度、肌纤维的类型、神经系统的调节能力等有着密切关系。

1.肌肉的体积

随着肌肉体积的增加（肌肉肥大）肌肉力量也将增加，有学者研究发现体重与机体力量的大小成正向相关性，机体不运动后，肌肉体积随之减小，肌肉力量出现下降，肌肉体积大小与肌肉力量常表现出一致性关系。肌肉肥大发生的机制包括两方面：一方面是急性的肌肉肥大，另一方面是慢性的肌肉肥大。

肌肉在运动过后突然肥大的现象被称为急性肌肉肥大，这是因为血浆在人体运动过后聚集在了肌肉的缝隙和细胞间，也就是水肿。这种现象一般持续时间不长，会在运动结束后的数小时间消退。

长时间运动过后肌肉肥大的现象被称为慢性肌肉肥大，这是由于肌纤维的面积增大或者数目增加造成的。而肌纤维在运动过程中会进行自我分裂或者生成，这种现象就是肌纤维数目的增加。

有学者通过动物实验研究发现，力量训练可增加肌纤维数量，即造成肌细胞增生，从而使肌肉体积增加、力量增大。但是，也有一些学者认为，力量训练并没有增加肌纤维的数目，所谓肌纤维增生可能是羽状肌肥大时肌纤维走向发生变化的缘故。因此，运动训练能否引起肌纤维数目的增加还有待于进一步研究。

肌肉体积减小主要是机体固定后肌肉出现的萎缩现象，机体固定之后的蛋白质合成速率会减缓，在固定后的第一周肌肉力量也会随之减小。肌肉的萎缩会影响慢肌纤维，往往就会使肌纤维的面积减少和慢肌纤维占比减少。

2.肌肉长度

肌肉首末端肌腱的长度叫作肌肉长度。一般情况下，肌纤维中肌小节的数量和肌肉的长度成正比关系，另外长度越长，肌肉所爆发的力量也就越大。

肌肉在收缩时的初长度与肌纤维中每个肌节的长度有关，研究发现单一肌节处于最适长度时产生的张力最大，过长或过短时产生的张力皆小。在一定范围内，肌肉产生的力量随肌肉初长度的增加而逐渐增大，当肌肉初长度增加到某一长度时，肌肉将产生最大收缩力量，此长度称为最适初长度。其原因与活化的横桥数目有关。目前已证明，肌纤维收缩力量的大小主要取决于活化横桥的数目，当肌肉处于最适初长度时，粗微丝肌球蛋白横桥和细微丝肌动蛋白结合的数目最多，即参与收缩的横桥数目达到最大值，因而肌纤维产生最大收缩力量；反之，肌肉初长度过长或过短都会因参与收缩横桥数目减少而导致肌肉收缩力量下降。另据报道，肌肉被拉长后立即收缩产生的力量远大于间隔一段时间后再收缩时所产生的力量。其原因是肌肉被拉长后快速收缩，可使肌肉在获得最适初长度的同时，产生牵张反射，从而反射性地提高肌肉的收缩力量。

3. 肌纤维的类型

力量不仅取决于肌肉的体积而且决定于肌纤维的类型。根据肌肉的收缩速度，骨骼肌纤维类型可以分为快肌 a（Ⅱ型 a）、快肌 b（Ⅱ型 b）和慢肌（Ⅰ）三种类型。肌纤维类型与力量有着密切的关系，快肌纤维的收缩力量明显大于慢肌纤维，快肌纤维的收缩速度明显高于慢肌纤维，但慢肌纤维的抗疲劳能力明显强于快肌纤维。

研究表明，快肌纤维与慢肌纤维收缩力量的差异与本身的组成及支配它们的神经元的兴奋性有关。由于快肌纤维内具有更多的肌原纤维和较快供能速率，因此，快肌纤维输出功率大于慢肌纤维，快肌纤维收缩时产生的力量也大于慢肌纤维。此外，由于支配快肌纤维的运动神经元胞体较大、突触小体内乙酰胆碱囊泡数量较多、兴奋阈值较高，且支配的肌纤维数量较多，因此，神经元兴奋时可引起较多的快肌纤维收缩而产生较大的力量；支配慢肌纤维的运动神经元却与之相反，即神经元胞体较小、突触小体内乙酰胆碱囊泡数量较少、兴奋阈值较低,且支配的肌纤维数量较少,因此,较小的刺激即可产生兴奋,从而引起较少数量的肌纤维收缩而产生较小的收缩力量。

4. 神经系统的调节能力

力量的大小除了和肌肉的性质有关之外,神经控制力也是一个关键的因素。

神经控制力对肌肉内部的运动单位起着调节作用。通过协调肌群之间的内部活动、增加运动单位的数量可以实现神经系统对肌肉的调节。所以,神经系统的调节可以提升神经系统的调节能力,而且能改善主动肌、协同肌以及对抗肌之间的协调关系,从而更加有效地提高肌肉的收缩力量和效率。

(二)力量训练的基本原则

(1)超负荷原则。超负荷是指练习时所采用的阻力负荷超过本人已经适应的负荷,或超过平时的一般负荷,但并不是超过本人所能承受的最大负荷。超负荷力量训练应以训练目标为依据,超负荷增量不宜过大,否则会因负荷增量过大而改变力量练习的性质,即发展其他类型的力量素质。

(2)渐增负荷原则。渐增负荷原则是指力量练习过程中,随着训练水平的提高,肌肉克服的阻力逐渐增加的训练原则。渐增负荷力量训练是一个连续、渐进的过程,运动负荷递增的速率不宜过快,幅度也不宜过大,否则肌肉会因过度训练而出现运动性损伤等现象,反而不利于运动训练,从而影响力量训练的效果。

(3)专门性原则,又称特异性原则。专门性原则下的训练方法应该符合专项力量的标准和专项技术的要求。在训练方法上主要包含两个内容:首先力量练习和标准的动作要求要基本符合,其次是力量练习要和标准动作的发力点基本符合。这种符合包括身体形态和动作幅度、方向、速度等。当然，不同的运动项目对力量的需求是不同的，这也是力量练习所考虑的内容。

（4）安排练习原则。它包括了练习顺序原则和训练节奏原则。

练习顺序原则要求我们在力量练习的时候应该先练习大肌群，之后才考虑小肌群，在相近的肌肉练习中不能使用同一组肌肉群。这是因为通过力量练习之后，大肌群的兴奋程度会随之提高，随着兴奋程度的扩散，对附近的肌肉群会产生一定的影响，从而使其产生小幅收缩。此外，由于大肌群不易产生疲劳，因此先练习大肌群不易对其他肌群乃至整个机体的工作能力产生不良影响。为了防止肌肉出现过度训练或运动损伤问题，在力量练习过程中应避免在前后两次相邻的练习中使用同一块肌肉的练习方法，以保证肌肉在每一次练习后有足够的恢复时间。

训练节奏原则是指力量训练的强度、运动量和训练频率符合训练计划和比赛计划要求的力量训练原则。

人体机能的节律性变化、竞技能力的形成和发展规律是制订运动训练计划的依据。完整的训练计划包括基本训练期、赛前训练期、比赛期和恢复期四个阶段。基本训练期以使机体产生新的生物学适应为训练目标，因此在进行力量训练时，应采取强度小、持续时间长的大运动量力量练习，以发展肌肉的生理横断面积；赛前训练期以使运动员适应比赛的要求为前提，以提高运动员的专项能力为目标，因此，力量训练的负荷强度应适当增大，负荷量适当减小，以提高运动员的专项力量（如爆发力等）；比赛期以调整和培养运动员的理想竞技状态为目标，因此，力量练习应以运动员的个体特征为依据，通过适宜的力量训练使其竞技状态超于理想，此阶段的负荷量不宜过大；恢复期则以促进超量恢复为目标。此外，在安排力量练习频率时，还应考虑人体机能和竞技能力的周期性变化特征,使每一次力量练习都能产生新的生物学适应。如果力量训练频率过高,机体将会因过度训练而产生积累性疲劳或运动损伤;反之,将会因消退抑制而影响运动训练效果。

(5)系统性原则。系统性原则是指力量练习应进行全年系统性安排的训练原则。系统的训练是取得理想训练效果的必要条件。由于人体对力量训练的生物学适应是通过机体各个系统、器官乃至组织细胞的变化或改造来实现的,而人体机能对运动训练的适应性变化又不可能在短时间内完成,因此力量训练必须坚持较长时间的系统性训练。

当训练的系统性或连续性遭到破坏而出现间断或停顿时,已获得的训练效果也会消退或丧失。特别是通过强化力量训练所获得的训练效果消退得更加明显。因此,为了弥补训练效果的不稳定性缺陷,保持稳定、良好的运动训练效果,必须坚持系统性训练的原则。

力量消退的快慢和幅度与训练频率、时间及力量增长速度有关。肌肉的力量会随着训练的次数增加而增加,当然训练消失后,肌肉力量也会在短时间内消退;训练次数不多,每次训练的时间较长,这样虽然肌肉力量增加较慢,但是力量的保持时间却更长。数据显示,力量增加后保持每2周训练1次,肌肉力量能维持原有的水平;6周训练1次,肌肉力量保持的时间较长;如果停止训练,则30周后原有的水平便会完全消失。

(三)力量训练的常用方法

发展肌肉力量的训练方法主要有等张练习、等长练习、等动练习和离心练习等,应根据训练目的的不同,选择不同的力量训练方法。

1. 等张练习法

等张练习是在肌肉等张收缩的基础上再对其进行负重和减重的张力性练习方法。很显然，这种练习效果的主要决定因素是负重的大小、完成的次数、坚持的时长和重复的频率等。

等张练习的优点如下：肌肉运动形式与比赛项目的结构和运动特点相一致，因而在发展力量素质的同时，能够巩固和发展运动技能；等张练习可以使全身各部位的动作幅度达到最大限度，从而有利于提高肌肉的收缩速度和力量，尤其是对快速力量的影响更为明显；等张练习能更加有效地发展肌肉的横断面积，增加肌肉中毛细血管的密度，改善神经肌肉之间的协调关系，提高肌肉的收缩力量。

等张练习也有许多不足之处：由于力量练习过程中肌肉张力变化具有"关节角度效应"，所以运动负荷只能按照力量最弱的关节角度来安排，因而容易产生某些关节角度上肌肉负荷不足的现象，从而使肌肉在整个动作过程中不能始终承受最大或最适宜的负荷阻力。此外，在进行爆发力练习时，容易出现受伤等不良后果。

2. 等长练习法

等长练习（又称为静力性练习）是指肌肉以等长收缩的形式使人体保持某一特定姿势对抗外界负荷的练习。

等长练习的优点如下：可发展肌肉的横断面积和体积；由于等长练习能够使神经系统保持较长时间的持续兴奋状态，因而可有效提高神经细胞的工作能力；在进行等长练习时，由于局部肌肉持续收缩，因而对局部肌肉中毛细血管产生的压力较大，从而影响该部位的血液循环及氧气供应，长期进行，将会增加肌肉中肌红蛋白的含量和毛细血管的数量，提高肌肉无氧代谢能力，并能使慢肌纤维产生选择性肥大；长期系统的等长练习能有效发展肌肉的最大静力性力量、静力耐力和肌肉的张力；可有选择地发展某些肌群，准确地体会某些动作技术的要领。

等长练习法的缺点如下：没有一个张弛有度的协调机制，不能改善肌肉的协调能力；在强度较大的练习中，等长练习要求长时间憋气加之外部阻力增大，会导致血压升高，甚至可能会出现一定的危险；由于会受到力量训练时关节角度的限制，因此不利于提高动作速度。所以在运动实践中应采取动、静练习相结合的训练形式，以取得相辅相成的训练效果。

3. 等动练习法

等动练习（又称等速练习），这种训练方法需要运用到专门的等速力量训练器。它的特点为在运动中训练器产生的阻力要和运动者的用力相近。因而是一种能够使肌肉在整个动作过程中均呈"满负荷"运动的训练方法，等动练习是发展肌肉动态力量的较好训练方法之一。

等动练习的优点如下：使肌肉在整个练习过程中均能承受最大的负荷刺激，因此，可使肌肉得到全范围的训练，运动效果较为明显；可在短时间内明显的提高肌肉力量；等动练习可根据运动员的力量能力，使动作速度在很大范围内变化，有助于增加参与工作的肌纤维数量，提高动作速度；可明显减少肌膜炎、肌肉疼痛以及运动损伤等不良反应。

等动练习的不足之处如下：由于练习时运动速度受到控制，因而不利于发展爆发力；肌肉只能在向心收缩的状态完成动作，故在等动练习器上不能进行退让性练习；不利于提高关节的灵活性。

4.离心练习法

离心练习又称为退让性练习,是指肌肉收缩产生张力的同时被拉长的力量训练方法。研究表明,离心练习对神经肌肉系统产生超量负荷刺激,能够使运动员较多地动用后备力量能力。同时,由于刺激时间较长,强度较大,因而可使肌肉力量特别是最大力量得到明显增长,并能更加有效地发展肌肉的横断面积。

离心练习的不足之处在于训练后引起肌肉疼痛的持续时间较长,疼痛程度也较为明显。其原因可能与离心练习过程中引起的肌肉结缔组织损伤有关。因此,离心练习法在运动实践中并不常用。

二、体育锻炼与速度素质

速度素质是指人体进行快速运动的能力或人体在最短的时间完成一定运动的能力。

(一)速度素质的表现形式

速度素质在运动过程中有多种表现形式,可以细分为反应速度、动作速度和位移速度。

1.反应速度

机体在外界信号的刺激下所做出的反应时间(反应时)可以用反应速度的快慢来表示。而反应时间的长短和兴奋传达到反射弧的时长、条件反射的基础条件以及中枢神经的兴奋程度和灵活度有关系。

由于兴奋通过传入神经和传出神经的传导速度较快,耗时较短。因此,反应速度的大小主要决定于感受器的敏感程度、中枢延搁及效应器的兴奋性。其中,中枢延搁是影响反应速度的关键因素，例如反射活动越复杂，历经的突触数目越多，反应时越长，反应速度就越慢；反之，反应速度越快。

反应速度的大小还与中枢神经系统的兴奋性和灵活性有关。研究表明，中枢神经系统良好的兴奋状态及其灵活性能够加速机体对刺激产生反应的速度，提高反应速度。

反应速度的快慢与条件反射的巩固程度也有着密切的关系。研究表明，随着条件反射的日益巩固和熟练，其反应时也会进一步缩短。另据报道，通过运动训练可使反应速度提高11%～25%。对于不同运动项目而言，由于它们对反应速度要求不同，因此，长期运动训练对其神经系统的影响也有所差异，反应时的长短也各不相同。

2. 动作速度

动作时和动作速度的生理标准有关。所谓动作时就是动作开始到结束时总的时长。对动作速度产生影响的因素主要包括：

（1）肌纤维的面积和占比组成。速度产生的物质基础就是快肌纤维。其占比和面积越大，相应的肌肉收缩性就越好。研究表明，长期系统的速度训练可引起快肌纤维产生选择性肥大，从而提高动作速度。

（2）肌肉收缩的力量。在抵抗外来力量时，肌肉的收缩能力发挥着重要的作用，收缩力量越大，抗击力量的能力也就越强，所以，肌肉力量的影响因素也在影响着动作速度。

（3）肌肉群体的兴奋程度。肌肉群体越兴奋，组织所需要的刺激强度也就越小，需要的时间也就越短，最终完成动作的时间也就越短。

（4）条件反射的基础条件。随着运动技术和器械的发展，条件反射的发展条件也就有了巩固基础，这样一来，动作完成也就越来越短，加快了动作的速度。

（5）神经系统的调节作用。神经系统协调着主动肌、协同肌和对抗肌等肌肉群体，协调的能力越好，动作完成的速度也就越快。

动作速度的快慢还与肌肉中无氧代谢能力有关。在其他因素不变或相同的情况下，肌肉无氧代谢能力越强，单位时间内提供给肌肉收缩的能量就越多，因而肌肉收缩的输出功率越大、收缩速度也越快。

3.位移速度

影响周期性位移速度的因素较多，而且比较复杂。以跑速为例，跑速主要决定于步长和步频两个方面因素，而步长和步频又受多种生物学因素的影响。步长主要取决于肌力的大小、下肢的长度及髋关节的柔韧性等。

步频的快慢主要决定于以下几方面的因素：

（1）大脑皮质运动中枢的灵活性。神经系统的灵活性愈高，大脑皮质运动中枢兴奋和抑制转化速度愈快，肢体动作交换的速度也愈快，即步频也愈快。

（2）肌肉中快肌纤维的百分组成及其肥大程度。快肌纤维百分组成越高、快肌纤维直径越粗、面积百分组成越大，肌肉收缩速度越快，步频也越快。

（3）中枢神经系统各中枢间的协调性。中枢间协调性的改善可有效提高各肌群间的协调关系，减少因对抗肌紧张而产生的阻力，有利于更好地提高肌肉的收缩速度和步频。

位移速度还与肌纤维内磷酸原系统的供能能力有关。

（二）速度素质训练的方法

速度素质的训练主要在于发展并提高神经系统的灵活性、磷酸原系统的供能能力、肌肉的协调放松能力、腿部力量和关节的柔韧性。

1. 发展并提高神经系统的灵活性

我们要实现高频动作组就离不开大脑皮质神经的灵活性，所以发展并提高神经系统的灵活性也就越来越重要。可以改变相应的刺激信号，而练习者对不同的信号都要做出及时的反应，并且要实现高频动作，比如牵引跑。通过此过程的练习可以调节神经系统的灵活性，让练习者在练习过程中发展步频。

2. 发展并提高磷酸原系统的供能能力

速度练习的供能方式主要依靠磷酸原系统。因此，速度训练应以发展磷酸原系统的供能能力为主。速度练习应采用强度大、时间短（持续时间在10s以内）的重复性练习。

一般常用 30~60m 或 10s 以内的短距离反复疾跑来发展磷酸原系统的供能能力。CP 是磷酸原系统供能的间接性能源物质，由于 CP 恢复的半时反应约为 20~30s，所以最适宜的休息间歇时间为 30s 左右。但对于训练水平较低的运动员来说，休息间歇时间可适当延长（60~90s）。对于成组练习，一般组间休息时间不能短于 3min。随着运动员训练水平的不断提高，组间的休息时间也可适当缩短。

综上所述，发展磷酸原系统的供能能力可进行负荷持续时间短、负荷强度大、间歇时间充分的重复性练习。

3. 发展并提高肌肉的协调放松能力

提高人体的速度和肌肉协调放松的能力有着重要的联系。研究表示，我们可以通过肌肉的放松练习来提高速度和身体素质。另外，这样的练习不仅能缩短肌肉收缩的时长，还能提高 ATP 合成的速度。

4.发展并提高腿部力量和关节的柔韧性

我们双脚之间的步长和腿部力量、关节的柔韧性有着重要联系，所以在跑步练习中应该注意对这两者的训练。腿部的力量练习可以通过举杠铃、蛙跳、单腿跳、上坡负重跑等一系列的方式来实现。

三、体育锻炼与耐力素质

耐力是指人体进行长时间肌肉工作的能力，或者人体对抗疲劳的能力。对于体能类耐力性项目而言，耐力素质是影响运动员专项竞技能力的主要因素；对其他运动项目而言，良好的耐力素质则有助于运动员更好地克服在训练和比赛中出现的运动性疲劳，承受更大的运动负荷，提高训练效果，并使其在比赛中取得良好的运动成绩。

（一）耐力素质的类型

1.有氧耐力

有氧耐力与骨骼肌的供养状况息息相关，即骨骼肌是有氧耐力生物学的基础。研究表明，人体各个系统的功能都影响着骨骼肌的供氧状况，例如肺部的通气功能与换气功能、血液的载氧功能与循环功能、组织系统的换气功能、肌肉组织的有氧代谢功能、中枢神经系统的自我调节功能等。

（1）肺部的通气功能。人体内摄入的氧气量受肺部的通气量影响，随着肺部通气量的增大，体内摄入的氧气量也得到提高。除此之外，摄入体内的氧气量与呼吸的频率和深度也有一定关系。

当运动员训练结束后，肺部的通气机能将得到提高。

（2）肺部的换气功能。肺部的换气功能是由弥散这一物理过程来实现的。其动力来源于肺泡与血液间气体的分压差。当人们在运动时，深吸气后肺泡与血液间的氧气分压差增大，使得肺泡膜逐渐变薄，肺部的大量毛细血管保持开发状态，因此，可以通过运动或深呼吸来提高肺部的换气功能。

（3）血液的载氧功能。人体中的氧气由血液红细胞中的血红蛋白来运输，因此血红蛋白的数量与人体的摄氧量有很大的关系，如果一个运动员身体内的血红蛋白含量下降了10%，那么他的运动成绩也会有相应的下降。若人身内的血红蛋白含量得到适当增加，则人体的载氧功能也会得到大幅度的提升。

虽然血红蛋白的含量与血液的载氧能力有密切的关系，但是血红蛋白含量过高（或过度增加）反而会对机体的输氧能力产生负面影响，这可能与血液黏度增加、血液流变性降低等因素有关。

（4）血液的循环功能。通过心输出量可以检测出心脏的功能。研究表明，越大的心输出量代表了越强的运氧能力与越大的摄氧量。从费可氏公式我们可以得出：摄氧量＝心输入量＋静脉氧差；心输入量＝心率×输出量/搏。所以，人体的摄氧能力与血液的循环功能有关。

（5）组织系统的换气功能。由上可知，氧气与毛细血管联系非常紧密。研究表明，运动时心输出量会增加，但增加的心输出量并不是平均分配给机体的各个器官或组织的，而是通过自身的调节机制，使得各个器官的血流量重新分配。其结果使参与运动的骨骼肌和心脏血流量显著增加，不参与运动的骨骼肌和其他内脏器官的血流量减少。

运动时肌肉组织耗氧量增加，氧气分压下降，局部肌肉温度升高以及二氧化碳分压升高等也可导致血液与肌肉组织间氧气分

第二章 高校体育锻炼与健康常识

压差增大,氧离速度加快这些因素的变化对于提高肌肉组织的换气能力以及摄氧能力等具有重要意义。

(6)肌肉组织的有氧代谢能力。肌肉组织有氧代谢能力取决于肌纤维的组成及其氧化供能能力。实验证明,优秀耐力运动员慢肌纤维百分比较高,而且长期的运动训练可导致慢肌纤维产生选择性肥大,使其表现出肌浆型功能性肥大(即肌糖原、磷酸肌酸和肌红蛋白含量增加,线粒体和毛细血管数量增加等)的适应性变化。柯斯蒂尔研究发现,优秀长跑运动员慢肌纤维百分组成和最大摄氧量最大,中跑运动员次之,短跑运动员最小;长跑运动员肌肉组织中琥珀酸脱氢酶的活性最高,中跑运动员次之,短跑运动员最低。可见,肌肉中慢肌纤维占优势者耐力素质较好。目前大多数学者认为,肌纤维的百分组成及其氧化供能能力是决定最大摄氧量的外周机制,而心输出量则是决定最大摄氧量的中枢机制。

(7)中枢神经系统的自我调节功能。中枢神经系统会对有氧耐力产生重要影响。在进行长时间肌肉活动的过程中,神经系统的活动特点表现为兴奋和抑制长时间保持有节律的转换,它是人体进行长时间工作的重要条件。此外,神经系统的相对稳定性、各中枢之间的协调性、神经系统对骨骼肌和内脏器官的调节能力对提高肌肉活动的耐力水平也起着重要作用。研究表明,长期系统的耐力训练,可提高大脑皮层神经细胞对刺激的耐受性、增强神经过程的稳定性、改善各中枢间的协调关系,使内脏器官的活动能更好地满足肌肉活动的需要,从而改善肌肉活动的氧气供应,提高肌肉进行长时间有氧活动的能力。

2. 无氧耐力

研究表明,不同训练水平的运动员产生和耐受乳酸的能力不同，训练水平越高，产生和耐受乳酸的能力越强；反之，则越差。因此，人体负氧债的最大能力是反映无氧耐力的指标。一般人负氧债的最大能力为 5～6 L，运动员可达 10～15 L。目前认为，无氧耐力的生理学基础主要包括肌肉内糖酵解供能能力、消除乳酸的能力和脑细胞耐受酸的能力。

（1）肌肉中糖酵解供能能力。糖酵解系统是无氧耐力的主要能量来源，因此糖酵解系统的供能能力在很大程度上决定着无氧耐力的水平。研究发现，糖酵解供能能力主要取决于快肌纤维的百分组成、肌糖原的含量以及糖酵解酶的活性。柯斯蒂尔等研究，优秀赛跑运动员腿肌中慢肌纤维百分比及乳酸脱氢酶活性与运动项目有关。长跑运动员慢肌纤维百分比最高，中跑运动员居中，短跑运动员最低；乳酸脱氢酶的活性则恰恰相反，短跑运动员最高，中跑运动员居中，长跑运动员最低。

（2）消除乳酸的能力。乳酸是一种强酸，肌肉糖酵解过程中产生的乳酸进入血液后，将直接影响血液的酸碱度，使血液的 pH 值降低，但由于血液缓冲系统的缓冲作用，因而使其酸碱度不至于发生太大的变化，人体内环境的变化也相对较小，从而使人体代谢活动能够顺利进行。因此，血液缓冲乳酸的能力是影响无氧耐力的重要因素之一。

机体缓冲能力的大小主要取决于碳酸氢钠的含量及碳酸酐酶的活性。研究表明，经常进行无氧训练的运动员，碱储备（100 mL 血浆中碳酸氢钠的含量）比一般人高 10% 左右，而促使碳酸分解的碳酸酐酶活性也明显提高，可见经常进行无氧训练可使其消除乳酸的能力大大提高。

（3）脑细胞耐受酸的能力。剧烈运动时，进入血液的一部分乳酸可被血液中的缓冲物质所中和，但因进入血液的乳酸较多，因此血液的酸碱度仍不可避免地向酸性方面变化。由于脑细胞对体内缺氧及血液酸碱度的变化十分敏感，因此血液酸碱度的变化将会影响脑细胞的工作能力，而使其兴奋性降低，导致机体产生疲劳、运动能力下降等负面反应。因此，脑细胞耐受酸的能力是影响无氧耐力强弱的又一重要因素。

（二）有氧耐力的训练方法

有氧耐力的高低取决于最大摄氧量和无氧阈的水平。因此，一切能够提高最大摄氧量和无氧阈的训练方法都可作为发展有氧耐力的训练方法。

有氧耐力训练方法主要包括持续训练法、间断训练法和高原训练法三种。

1. 持续训练法

持续训练法是指负荷强度较低、负荷时间较长、无间断地连续进行练习的训练方法。根据训练过程中速度是否变化可将其划分为变速运动和匀速运动两种、持续训练法可用于发展一般耐力素质。通过持续训练可使机体的机能在长时间负荷刺激的作用下产生适应性变化，通过提高大脑皮层的稳定性与均衡性，可以提高运动中枢的协调性。除此之外，通过长期的运动练习可以提高心肺功能、增加血红蛋白，同时也会使慢肌纤维变肥大，有氧系统的供养能力也会得到进一步提升，因此，在该状态下的有氧运动也得到了增强。

2. 间断训练法

间断训练法是指两次练习之间有一定时间间隔的训练方法。根据人体在两次练习间隔期内的恢复情况，可将其划分为重复练习和间歇练习两种。重复练习指的是两次练习中休息的时间较长，在下次运动前人体运动能力能得到完全恢复；间歇式练习则是指两次练习中休息的时间较短，在下次运动前运动的能力不能完全恢复。

由于间歇练习对间歇的时间、负荷量和负荷强度要求较高，往往不等身体机能完全恢复就进行下一次练习，因此间歇练习能够对身体机能产生较大的影响，从而更加有效地提高运动训练效果。

3. 高原训练法

所谓高原训练法就是在低压和缺氧的环境下进行训练的一种练习方法。通过高原训练会对人体产生两方面的负荷，一种是由于运动而引起的缺氧负荷，另一种是由高原性的环境所造成的缺氧负荷。由于这两种负荷给机体带来的缺氧刺激比平原更大。因而能够更加有效地增加红细胞数量、血红蛋白含量、血容量和毛细血管的密度，并使呼吸系统和心血管系统的机能得以提高。因此，高原训练对于提高机体的有氧运动能力，促进运动成绩特别是耐力性项目的成绩的提高具有良好的效果。

高原训练的适宜高度为1800～2500m，若低于1800m，低氧刺激较小，不利于充分挖掘机体的潜能；若高于2500m，机体则难以承受较大的缺氧和运动负荷的刺激，且不利于疲劳的恢复。因此，海拔高度是影响高原训练效果的重要因素。目前，我国高原训练基地的海拔高度在1800～2400m，其中昆明高原训练基地为1890m，青海多巴训练基地为2360m。但一些处于高原地理环境的国家，如埃塞俄比亚、肯尼亚等，运动员赛前高原训练的高度可提高到2700～3000m，否则将不利于取得良好的训练效果。因此，高原训练的海拔高度应根据运动员世居环境的海拔高度而定。

高原训练持续的时间是影响训练效果的又一重要因素。大多数学者认为，高原训练持续时间应为4~6周（一般多为4周）。训练时间过短，机体难以对缺氧刺激产生适应性变化；时间过长，又不利于回到平原后的适应性调整，因此，高原训练持续时间不宜过长。

高原训练也应坚持循序渐进的原则。训练负荷的安排应以机体对缺氧刺激的承受能力和适应性变化为依据。据此，人们将高原训练分为三个阶段：第一阶段称为适应期，持续时间为一周左右，此阶段以小负荷训练为主，运动量不宜过大；第二阶段称为训练阶段，持续时间为4~6周，负荷强度应略小于平原训练强度；第三阶段为恢复阶段，持续时间为一周左右。高原训练最佳效果出现的时间，因运动项目的不同而有所差异。耐力性运动项目一般为下高原后4~14天；速度性运动项目为20~26天。由于高原训练的负荷强度相对较小，因此，为了保证下高原后有足够的时间进行速度和力量训练，高原训练后的比赛可安排在下高原后的第4~6周，具体情况因人、运动项目、高原训练过程而异，切不可生搬硬套。

有氧耐力的训练方法还有间歇性低氧训练法等。目前认为，间歇性低氧训练可改善血液流变性，提高心肌收缩蛋白的含量和机体抗氧化能力，因而间歇性低氧训练对于提高机体的有氧能力具有良好的作用。

综上所述，在有氧耐力训练过程中，应根据运动员的年龄、训练水平及不同运动项目的特点，科学合理地安排运动训练，只有这样才能更加有效地促进和提高训练水平，提高机体的有氧耐力。

（三）无氧耐力的训练方法

无氧耐力的训练方法有间歇训练法、高原训练法及缺氧训练法等。

1.间歇训练法

间歇训练法是最常用的训练法。作为发展无氧耐力的间歇性练习，应考虑运动强度、运动持续时间以及间歇时间的组合与匹配度。训练的安排应以产生较大的血乳酸浓度为依据。低乳酸值的间歇训练主要发展磷酸原供能系统，若要发展无氧耐力素质则应着重发展糖酵解供能系统，练习时间一般要长于30s，以1~2min为宜；间歇性无氧训练强度应大于最大摄氧量的90%，或心率在190次/分钟；间歇时间为2~4min；练习重复组数应视运动员训练水平而定，以最后一组练习能保持所规定的负荷强度为原则，训练水平低者一般为2或3组，训练有素者为3~5组。

2.高原训练法

高原训练除具有低气压、低温、低湿度及昼夜温差大等环境因素外，缺氧是高原训练的核心。机体在缺氧情况下进行训练，除促进红细胞和血红蛋白生成外，对心肺功能也能产生较大的影响，并提出更多的要求，从而提高人体对缺氧刺激的适应能力，因此，高原训练是发展无氧耐力的有效途径之一。

3.缺氧训练法

在减少吸气或者憋气时进行的练习被称为缺氧训练，就是通过造成体内的缺氧来提高机体的耐受性。缺氧训练不受地理环境的影响，不论是高原环境还是平原环境都可以进行。

四、体育锻炼与柔韧素质

人体关节在不同角度上运动能力的展现和肌肉、韧带等组织的延展性称之为柔韧素质，或者我们可以理解为运动时人体关节的活动能力。人的柔韧性越好，则其动作就越舒展和协调。另外，提升动作质量、增加肌肉力量和提高速度、加强肌肉的抗阻力能力等都有利于提高柔韧素质。

（一）柔韧素质的生物学基础

柔韧素质与肌肉韧带及肌腱的伸展性、关节周围组织、关节结构、神经系统的调节能力有着密切关系。

（1）肌肉韧带及肌腱的伸展性。这三者的伸展性和个体的年龄以及性别有关，和肌肉的温度也有关系。所以，我们在运动前可以通过准备活动来提高肌肉的温度，让肌肉具有一定的延展性，提高其柔韧性。

（2）关节周围组织。关节周围组织，如脂肪、结缔组织及肌肉等是影响柔韧性的重要因素，关节周围组织的体积过大会影响邻近关节的活动范围，使柔韧性降低。

（3）关节结构。由于关节结构是依据人体生长发育规律的需要而形成的，因此具有较高的遗传性，是影响柔韧性诸因素中最不容易改变的因素。尽管运动训练可使关节发生一定的变化，如软骨增厚等，但这种变化极其有限。

（4）神经系统的调节能力。神经系统可以有效地调节骨骼肌，包括主动肌和对抗肌之间的联系，肌肉收缩与放松能力，尤其是对抗肌的放松能力等方面。神经调节能力的改善，有利于降低对抗肌的阻力，增大关节的活动范围，提高柔韧性。

(二)柔韧素质的训练方法

发展柔韧素质一般采用伸展性练习,即拉长肌肉和结缔组织的练习方法。伸展性练习包括动力拉伸法和静力拉伸法。动力拉伸法是指按照一定节奏,通过多次重复练习使软组织逐渐被拉长的练习方法;静力拉伸法是指先通过动力性拉伸使肌肉等软组织被拉长,而后使其持续保持某一特定长度的练习方法。这两种方法中又包括主动拉伸和被动拉伸两种不同的训练方式。所谓主动练习法是指通过机体有关肌肉的收缩和舒张来增大关节活动幅度或范围的练习方法;被动练习法是指依靠外力使关节活动幅度和范围增大的练习方法。除此之外,有些学者还将伸展练习划分为爆发式牵拉练习和缓慢牵拉练习等。

运动实践中,应将爆发式牵拉练习和缓慢牵拉练习这两种方法结合起来使用,即采取有动、有静,动静结合的拉伸法进行柔韧训练。如常常将摆腿、踢腿等爆发式牵拉练习和拉韧带、压腿等缓慢牵拉练习结合起来等。实践证明,这两种拉伸练习方法都能有效地提高柔韧素质,但产生的训练效果有所不同。由于缓慢牵拉练习一般不会超越组织的伸展程度,因此可有效地避免肌肉拉伤等运动性疾病的发生,且能使对抗肌群缓慢放松,使之缓慢拉长,故缓慢牵拉练习是发展柔韧素质的有效训练方法;爆发式牵拉练习法虽能快速地发展柔韧素质,并能使肌肉张力得到明显的提高,但该方法容易出现肌肉疼痛和拉伤等不良反应。因此,进行爆发式牵拉练习前应做好充分的准备活动。

对少年、儿童进行柔韧性练习时,应多采用"缓慢式牵拉法"和"主动练习法",以避免因关节牢固性差、骨骼易弯曲变形而造成的关节、韧带损伤和骨骼变形。

通过本体感觉神经肌肉促进法(PNF练习法)亦可以发展柔

韧素质。PNF牵张练习中,"保持—放松"操作方法如下:首先在助手帮助下,使肢体达到关节活动幅度的最大限度后持续10s;然后被拉长的肌肉用力对抗助手给予的阻力,使肌肉最大强度地等长收缩"保持"6s;令锻炼者放松,这时肢体很容易地再次被推到一个更大的最大程度,持续30s。以上动作为一组,组间稍休息,重复2~5组。研究表明,PNF牵张练习能够有效地提高身体柔韧素质,且不易引起肌肉损伤,但其缺点是练习时必须有人协助,所需时间较长。

五、体育锻炼与灵敏素质

人们可以快速改变位置、转变动作和随机应变的能力称为灵敏素质,我们也可以理解成人们能快速、准确地变换身体的运动空间和运动的方向,用来适应不断改变的环境。一个人如果能灵活应变和完成各种动作,那他就具有较高的灵敏素质。灵敏素质是身体各项机能和身体素质在运动过程中的一种表现,是一项综合素质。灵敏素质具有明显的项目特征,不同项目的运动员具有不同的灵敏素质。

(一)灵敏素质的影响因素

灵敏素质是一种复杂的身体素质,灵敏素质的高低受多种因素的影响,这些因素主要表现为以下几方面:

(1)通过对大脑皮质的神经过程进行综合分析得出:神经的灵敏度越高,人体适应内外环境的速度就越快,能力也越高。

例如,在球类、击剑、搏击等对抗性项目的比赛中,运动员应根据运动场上情况的变化迅速、准确地做出判断,并以此为依据对动作和运动强度进行快速、适时的调整。唯有如此,才能正确应对场上的变化。因此，大脑皮质神经过程的灵活性及分析综合能力是灵敏素质重要的生理基础。

（2）感觉器官的机能状态。运动过程中，良好的感觉机能可使运动技能表现出迅速、准确的定时、定向能力，从而提高机体变换动作的速度和准确性。因此，感觉器官（如视觉、位觉、本体感觉等）的敏感性是影响灵敏素质的重要因素。例如，散打运动员敏捷的反应，需要敏锐的视觉作为基础等。

（3）运动技能。运动技能是在多种感觉机能的参与下和大脑皮质运动中枢之间建立的暂时性神经联系。因此，建立的运动技能数量越多、掌握的熟练程度越高，大脑皮质中枢间暂时性神经联系接通得越迅速、准确，完成动作的速度也越快，动作的灵敏性也越高。例如，一个熟练掌握多种运动技能的篮球运动员，可通过迅速变换动作，对场上的变化做出灵敏的应答反应等。

（4）身体素质。由于灵敏素质是一种综合素质，因此，灵敏素质还需要一定的力量、速度、耐力和柔韧等素质作为基础。此外，灵敏素质还受年龄、性别、体重等因素的影响，一般认为，男子的灵敏素质高于女子；少年期灵敏素质发展速度最快；体重过重者，灵敏素质较差。

（二）灵敏素质的训练

发展灵敏素质，可通过变换各种信号刺激使运动员进行各种变化动作或运动方向的练习。如快速改变方向的各种跑、躲闪和突然起动的练习，各种快速急停和迅速转体的练习等。提高大脑皮质神经过程的灵活性和分析能力，并使感觉器官的敏感性得到发展。同时，还应进行一些发展各种运动技能和身体素质的练习。

六、体育锻炼与平衡素质

平衡是指人体在相对静止状态下或动态下维持稳定的能力，平衡能力所反映的是人体对来自前庭器官、肌肉、肌腱、关节内的本体感受器及视觉等各方面刺激的协调综合能力。有学者将平衡分为姿势平衡、静态平衡、动态平衡和技巧平衡四大类。

（一）平衡能力的生物学基础

人体平衡能力与前庭器官、动觉器官、视觉器官、本体感受器、大脑平衡调节、小脑共济协调以及肢体肌群力量、肌张力之间的相互平衡等密切相关。

1. 前庭器官

当人体完成旋转和直线变速运动、头在空间的位置和地心引力方向出现改变时，将会刺激前庭器官的感觉细胞产生神经冲动，冲动经前庭器官传送至中枢神经系统，引起身体在空间的位置或变速感觉，并通过姿势反射来调整有关骨骼肌张力，以维持身体平衡。保持身体平衡的过程中位觉和动觉会起到十分重要的作用。

位觉通过由耳蜗、前庭和半规管组成的膜通路实现其功能。耳蜗为听觉器官，前庭和半规管为位觉装置。前庭中有椭圆囊和球囊，其感受装置为囊斑。半规管的感受装置为壶腹嵴。囊斑和壶腹嵴的感觉细胞均为有纤毛的毛细胞。静息时，感觉毛细胞有持续的动作电位传入，当因重力作用或惯性作用而使感觉毛细胞上的纤毛倾斜时，膜电位出现去极化或超极化引起动作电位的频率改变，从而使人们感觉头部空间位置的改变、直线或旋转运动的加速度、方向的变化。

2.动觉器官

动觉器官是指位于肌肉、肌腱和关节内的终末器官等处的一种神经末梢装置。它接受身体运动和张力的刺激。机体运动时，本体感受器将运行刺激转变为神经冲动传入大脑皮层的相应中枢，通过综合分析，感受身体在空间的位置、姿势以及身体各部位肌肉的活动状态，使之产生正确的肌肉感觉，如果身体平衡或肌肉感觉被破坏，中枢将调节相关肌张力，纠正偏差，确保动作正确完成。

3.视觉、位觉和动觉在维持身体平衡中的关系

视觉会影响平衡，做动作时，当人能看到身体的位置时更容易维持平衡。提高位觉和动觉的敏感性，即能感知身体的细微变化，以便及时做出运动反应，保持平衡。

（二）平衡能力训练的方法

人体平衡能力受多器官功能状态的影响，但制约平衡能力的主要因素为前庭器官、本体感受器和视觉器官功能。因此，通过训练来改善和提高它们的功能，有利于促进平衡能力。平衡能力训练原则上是提高维持平衡的困难程度，逐渐建立静态和动态的适应过程，有报道称单脚闭眼站立、走平衡木、太极拳均能提高平衡能力。

前庭功能被动平衡能力训练，一般通过让人产生加速度变化的器械，如电动转移、过山车、离心机等被动地感受加速度的变化。前庭功能主动平衡能力训练是锻炼者选择各种有加速度变换的旋转运动，如空翻、摇头操、吊环旋转、铁饼、铅球、球类运动等进行训练。

本体感觉功能训练必须经过长时间训练才能明显地在动作过

程中体验到。如借助踝关节的细微动作,不改变身体的位置可以使平衡木运动员保持平衡的最佳方式,踝关节的细微动作并不是运动员所获得的新技能,而是平衡状态的细微感知能力提高后所做出的反应。马特维也认为在平衡能力训练时,掩盖视觉而使注意力集中于本体感觉能更好地提高平衡能力。

视觉器官功能训练受遗传和环境的影响,为了提高视觉功能,在训练过程中应注意环境中参照物的选择,须仔细观察教师或教练的示范动作,要经常对着镜子强化练习视觉与本体感觉的结合,多向远处看等。

第六节 大学生体质健康评价

以体育学的角度来看,评价健康的一个最重要的综合指标就是体质。体质是机体能够完成的执行自身技能的能力表现,同时也表现出环境的适应能力。体质包括多个参数,既有相关的健康指标,也有技能等指标,还包括体质参数指标等,它也是机体整体生活质量的体现。所以,体质主要反映人体机能和技能的健康状况。另外,体质的好坏也和人体的健康状态、运动能力、工作能力、生活能力分不开。

体质的提高需要依靠长期的体育锻炼,因此,长期进行有规律的、体育锻炼是提高体质的重要手段。

一、体质的组成内容

体质是人体进行所有活动的基础和前提，它所形成的生理功能、心理因素以及形态结构等都有两个来源，一是先天性的，二是后天获得性的并且具有一定的稳定性。理想的体制是在良好的先天条件下通过后天的坚持锻炼而形成的，心理素质、身体结构、生理功能等都能较好地适应环境要求的状态。

体质的组成包括五个主要方面：生理功能、身体素质和运动能力、心理发展和适应能力、形态结构、心理发育。这五方面内容相互联系，息息相关。生理功能受一定的形态结构所影响，人体的各个器官系统的机能也由体能进行综合反映；体能的发展，必然会造成形态结构和生理功能的改变；心理过程和个性心理特征的形成则会随着生理功能、体能发展、形态结构的影响而产生。以下就五项组成内容进行详细阐述：

（1）组成人体的体型、姿势、身体成分、体格、营养状况等都是属于形态结构的范畴。

（2）人体的器官系统、机体代谢水平等都是生理功能的组成部分。

（3）人的运动速度、灵敏度、协调性、柔韧性以及力量、耐力和各种活动能力如走、跑、跳、投、攀等都是身体素质和运动能力的组成内容。

（4）个体的情感、行为、个性、意志、智力等都是心理发育和精神因素。

（5）人体对环境适应能力的大小和抵抗疾病的能力称为适应能力。

上面所述的五个方面状况将对人体机能体质的综合性特点产生重要影响，并能作为衡量人体体质好坏的检验标准和指标。

二、体质测量的内容与方法

（一）身体测量

身体测量从表层意思来说就是测量人体的外形特征，这一指标通常可以评价个体的身体发育和身体结构状况，通常由身高、体重、坐高、四肢长度、身体围度以及径长身高等指标组成。

身体测量是对个体身体发育状况进行了解和把握的一个重要指标，身体的缺陷也可以从身体测量中得以发现，并能够积极地选择改善措施进行及时纠正。通过大量的测量结果对比，有利于对人体生长发育的一般规律进行分析和研究，从而为体育锻炼的选择提供重要依据。

人体形态测量用于测量人体的概观性特征，主要由观察和计量两项内容组成，所谓观察是对姿势等进行了解，而计量是对个体的体重、身高以及胸围等各个指标进行测量的过程。该项指标可以帮助人们了解个体的生长发展规律，还可以在此基础上评价个体发育水平和个体发育特征，选择运动员时也常常会将此项指标作为重要依据。体育锻炼的效果也可以在评价和测定中有所表现，从而有利于激发人们参与体育锻炼的积极性和自主性，还可以更科学合理地选择锻炼内容和锻炼方法。

1. 身高与体重

人体垂直站立时从支撑面到头顶的距离称为身高。从这项指标可以看出个体骨骼发育情况，并依据此项数据来评价生长发育水平。骨骼发育的状况也主要由身高来体现。

在测量身高时，要求受测试者脱下鞋子，保持立正姿势靠近测量底板，双脚并立站好，身体自然挺直，两眼平视前方，头部自然摆正，不能抬起头也不能低头，这时测试者要立于被测试者侧面进行测量工作，需要压住水平压板往下，直至接触到受试者头顶后停止，根据水平压板指示的地方进行身高读数。

在一定年龄前身高随年龄的增长而上升。身高增长的敏感期男生为13~16岁，女性为11~14岁。身高均值汉族在男性18岁、女生16岁已趋稳定；根据中国学生体质与健康监测资料，中国19~22岁汉族成人身高的均值如下：城市男性170.56cm，乡村男性168.40cm；城市女性158.98cm，乡村女性157.83cm。人的年龄到了25岁以后，身高基本上不再增加，老年后的身高反而还要下降。

体重是对人体横向发育进行测量的一个指标，主要是针对人体的肌肉、脂肪、内脏器官以及骨骼重量和肌肉发育程度进行测量。对体重产生影响的因素非常多，包括身高、性别、年龄、体育锻炼情况、疾病、生活条件以及季节等。在测量体重时，要求男生着短裤，女生着短裤和背心，测量前要将大、小便排空，脱下鞋子站于称台中部位置，保持身体平衡，不能依扶其他物体。标准体重按下列公式计算得来：

标准体重（kg）= 身高（cm）-（100 或 105 或 110）

若是身高不足165cm，要在公式计算的结果上减去100；若是身高在165~175cm中间，则应该从结果上减去105；若是身高在176~185cm，则应从结果上减110，这样就可以得出每个身高段的标准体重。

体重在标准体重上下浮动10%都是正常体重，若是超过标准体重10%~19%就为超重，若是超过20%以上则划为肥胖。

2. 坐高

人体端正坐好，从坐板平面到头顶的距离称为坐高。这些指标可以间接反映内脏器官的发育状况。同时还能了解躯干骨骼的纵向发育情况，和身高、体重一起是反映身体比例和营养状况的三个重要指标。

首先要求受试者端坐于仪器坐板上，两肩两脚靠于立柱，身体自然挺直，双脚合拢，保持大腿和小腿、小腿和地面之间垂直，两手自然放置，不能立于坐板上，两脚自然放于地面上，然后进行坐高测量读数。

随着年龄的增长，坐高和身高都会产生变化。经过统计资料显示，中国从19~22岁汉族成人坐高的均值规律表现如下：城市男性坐高在92.36cm，乡村男性为91.40cm；城市女性为86.54cm，乡村女性为85.86cm。由数据可知，坐高均值男性要高于女性，而且城市男性要比乡村男性高，城市女性也会高于乡村女性。

3.胸围

胸廓外围的周长称为胸围。一般而言对胸廓肌肉的发育情况和规律进行了解主要是通过胸围的数据来反映。同时还可以通过胸围来了解人体的厚度和宽度等数据，其也是人体生长发育水平测量的重要方面。

在测量胸围时要求被试者保持身体自然站立，两脚保持和两肩同宽，全身放松，上肢自然放下，测量的带尺要从胸部乳头上缘至背部绕一圈，绕过后背时要将带尺置于肩胛骨下方位置，并从侧面进行胸围的读数，要注意的是，要读取的数据应该是受试者还未进行呼吸时显示的胸围数据。

在一定年龄之前胸围均值随年龄的增长而增大。一般地，男20岁、女18岁时趋于稳定，资料显示，中国汉族19~22岁胸围均值情况如下：城市男性86.19cm，乡村男性85.88cm；城市女性78.90cm，乡村女性79.59cm。

（二）生理机能测量

生理机能水平是对个体各个器官、心肺系统的整体工作机能和新陈代谢功能的总称。它涉及的内容非常广泛，以下就重点将与该指标有较大关系的身心健康和体育运动等指标进行详细阐述。

1.安静脉搏

安静脉搏的测量，需要人体处于较平静状态，其是测量单位时间内的动脉管壁搏动次数的方法。它可以反映心脏和动脉的机能状态。通常来说，正常的成年人安静心率应该保持在75次/分钟，可以在60～100次/分钟范围内进行波动。

个体的性别、机能状态以及年龄都会对心率产生一定的影响。普遍来说，成年女性的心率会比成年男性要高3～5次/分钟，同处于安静状态中，经常参加体育锻炼的人心率要比较少参加体育锻炼的人慢。另外，同一个年龄阶段，同是男性或者女性，其心率也会有较大差别，这是受遗传因素和后天的锻炼水平影响的。比如经常参与训练的运动员，其安静心率会比常人要慢，甚至达到60次/分钟或者是更低。据资料，中国19～22岁汉族学生脉搏均值如下：城市男性77.20次/分钟，乡村男性76.64次/分钟；城市女性78.2次/分钟，乡村女性77.49次/分钟。

2.血压

血液流动对血管壁所产生的侧压力被称为血压，通常是对动脉血压进行测量。它作为心血机能水平的测量指标，在身体健康检查中不可缺少。

国际卫生组织有如下规定：高血压临界值为安静时收缩压为140mmHg，舒张压为90mmHg，高血压是指收缩压大于160mmHg，舒张压大于95mmHg；低血压则是指收缩压小于

90mmHg，舒张压小于50mmHg。血压的稳定性能够直接影响心脑供血机能。若是人体处于低血压状态，会造成各个器官的供血不足，而且造成器官出现缺血、缺氧现象，不利于器官的正常工作。若是高血压也会对人体机能形成影响，会影响心功能的正常运行，导致血管内膜出现破裂或者损伤等现象，严重的会造成脑溢血等。所以，血压的稳定也是人体健康的重要指标。

3.肺活量

肺活量是测试受试者一次呼吸的最大通气能力的指标，它能够测试人体生长发育水平，并受肺部、胸廓以及呼吸肌力量等因素影响。

据资料，我国19～22岁汉族成人肺活量的均值如下：城市男性4231.9mL，乡村男性4141.20mL，城市女性2898.9mL 乡村女性2842.89mL。

（三）定量负荷测试

体育联合会经过多年的研究和探讨发现，定量负荷测试能够有效地测试心脏功能状况，具体的操作步骤如下：

（1）先让受试者安静坐5min左右，并进行15s的脉搏数测量，然后将这一测量数据乘以4后得出1min的脉搏数，并用P1来表示。

（2）让受试者在30s内进行30次的蹲和起动作，动作完成后，再进行15s脉搏的测量，用上述方法得出1min脉搏数，用P2表示。

（3）让受试者休息1min后进行一次15s的脉搏测量，然后用如上方法得出1min脉搏数，以P3来表示。

（4）利用公式指数"[（P1+P2+P3）－200]/10"算出指数。

（5）由以上计算出来的指数来测定心脏功能，当指数是0时，表示心脏功能比较优秀；当指数在0～5范围内则表示心脏功能良好；当指数在6～10范围内则表示心脏功能刚好及格；指数在11～15范围内则表示心脏功能弱，还需要加强；指数大于16时，则表示心脏功能非常差。

三、大学生体质健康的标准

（一）我国体质测试和评定的发展

我国大规模的体质健康测试工作于20世纪开始。发展到现在，主要包括：5年一次的国民体质监测和每年的学生体质健康标准测试工作。我国体质健康测试的主要标志性工作如下：

（1）1979年进行了16个省市青少年身体形态、机能和素质的调查研究。

（2）1985年开始进行大规模的青少年体质调研。

（3）1991年、1995年开展了中国学生体质与健康状况调查研究。

（4）1996年颁布了《中国成人体质测试标准施行办法（试行）》。

（5）2000年以后，全国范围内开展每5年一次的大规模、全年龄人群的体质监测工作。

（6）2002年开始试行《学生体质健康标准测试标准》。

（7）2007年开始在全国实施《国家学生体质健康标准》。

（8）2014年修订《学生体质健康标准测试标准》。

我国《国家学生体质健康标准》测试项目和内容包括：形态指标（身高、体重）；功能指标（肺活量、台阶试验）；素质和运动能力[长跑（男生1000m，女生800m）、50m跑、立定跳远（任选一项），仰卧起坐和坐位体前屈（任选一项），握力；动作技能（跳绳、篮球运球、足球运球、排球垫球）]。

（二）《国家学生体质健康标准》的有关说明

（1）为了有效地引导学生进行体育锻炼，提高身体素质，并养成较好的锻炼习惯，贯彻落实学校的体育教育，以促进学生的身心发展为目标而制定该标准。

（2）《国家学生体质健康标准》是《国家体育锻炼标准》的重要组成，也是《国家体育锻炼标准》的具体化，是针对学生体质和健康所提出的要求，在全日制小学、初中和普通高中、中职院校的学生都适用。

（3）该标准能综合评价学生体质健康水平，主要依据学生的身体机能、身体素质、运动能力以及身体形态等方面，是激励学生积极参与体育锻炼，提升学生体质健康的一个重要手段，也作为一个指标来评价学生的体质健康状况。

（4）本标准针对不同年龄阶段的学生进行以下分组：第一类是小学一、二年级，第二类是三、四年级，第三类为五、六年级，第四类为初、高中学，第五类为大学组。第一类和第二类包括三类测试项目，并且一定要测量身高和体重，其他两类选择一项测试即可。第三类、第四类和第五类需要测试的项目有五种，必测项目包括身高、体重和肺活量，其他两项可根据需要测定。地（市）级教育行政部门或者高等学校于测试开始两个月前就要确定选测项目，并且保证每年的选测项目不重复。

（5）学校应该依据本标准来展开每年的身体测试活动，而且要严格按照《国家学生体质健康标准解读》的有关要求执行。

（6）本标准各项评价指标的总分为100分。根据分数评定等级：优秀等级分数要在90分以上，良好分数在75～89分，及格分数在60～74分，低于60分均为不及格。学校每个学期都要对学生体质健康标准进行评分，并登记在《国家学生体质健康标准登记卡》上，在学生毕业体质健康标准中占50%的比分。若是学生因疾病或者残疾造成无法完成本标准测试，要填写《免予执行（国家学生体质健康标准）申请表》，进行有关报备。

(三)《国家学生体质健康标准》的实施意义

一个国家综合实力和社会发展的重要依据就是大部分学生都具备坚强的意志、强健的体魄、旺盛的生命力等，这也是国家强盛的希望。青少年时期是形成健康身心和强健体质的重要时期，会对个人的长远发展和生活产生重大影响，也是整个民族健康素质的一个缩影，和我国人才素质培养息息相关。采用《国家学生体质健康标准》，可以有效地提升学生参与体育锻炼的积极性和自主性，并认真对待体育课，让学生的综合素质得到全面提升。

近几年，国内的青少年体育事业发展获得了质的提升，学校的体育教学工作也获得了阶段性的成功，青少年的形态发育和营养水平都提高很多，这些为全民健康素质的提升提供了条件。不过应该特别注意的是，由于受过分注重升学率的制约，很多学校还存在着重智育、轻体育的现象，而且学生学业压力过大，严重挤压了学生的锻炼和休息时间，加上很多学校的体育设施和条件有限，无法满足学生的体育锻炼需求。从最近的体质健康监测中也发现，青少年的力量、速度和耐力等有关体能指标也呈现不断下降的趋势，视力问题更是不容忽视，城市超重和肥胖率有显著的提高，农村青少年则有少部分存在营养不良等现象。若是不能从根本上解决这些问题，会对青少年的健康成长产生不利影响，从而影响整个国家和民族的发展。

新标准更加注重建立和完善学校教育评价体系，并对学校体育的价值予以高度重视，并基于学校体育的体质健康为本的基础制定学校体育目标和任务。这对国内的学校体育深入改革具有重要的意义，有利于学校体质健康评价体系的完善，对学生综合素质的提升也具有积极作用。

（四）《国家学生体质健康标准》的组织实施

《国家学生体质健康标准》的实施工作由教育部和国家体育总局负责，由各级教育行政部门进行管理和指导，具体的组织实施工作由学校进行。

在组织实施《标准》的相关工作时，应该由校长做好领导工作，组织实施要调动各个部门如教务部门、校医院、教研部门、辅导员以及学工部门的组织作用。将《标准》和学生的健康体检统一起来，以免重复测试。要在《国家学生体质健康标准登记卡》登记学生的有关《标准》测试成绩，小学的测试成绩也要列入学生的素质报告书中，初中以后登记学生档案，这也是学生升学毕业的重要档案，并将合格证书颁发给所有体质测试及格的学生。另外，教师的教学工作也须包括《标准》的实施等。

关于大学生的测试内容和权重等问题，《国家学生体质健康标准》有如下规定：三个必测项目和三个选测项目是大学生每年都需要参加的。虽然国内的慕课应用范围还比较有限，处于刚刚起步阶段，不过随着互联网技术的不断发展，慕课也将会成为教育方式的重要潮流。在高校体育教学中运用慕课也将成为一种趋势，能够更好地启发教师教学的开展。当然，在高校体育教学中引入慕课方式也需要和目前高校的体育教学实际情况融合和贯通。

第三章 高校体育教学设计与效率优化

第一节 高校体育教学设计的基本原理

体育教学能够提高学生的身体素质，养成健康的生活习惯。在体育教学中要重视体育教学设计的指导思想、学情分析、教材分析、目标方法、重点难点以及教学流程的研究，根据教学内容和教学对象设计好课堂教学的基本要素，设计好课堂教学过程和环节。

一、体育教学设计概述

（一）相关概念的界定

1. 设计

"设计"一词被广泛应用于众多领域，然而人们对"设计"的理解却不尽相同。《现代汉语词典》的解释是，设计就是在正式做某项工作之前，根据一定的要求，预先制定方法、图样等。通常，设计是指在活动之前，根据一定的要求，预先对活动所进行的一种安排或策划。

与其他形式的计划有所不同，设计要求更高的科学性、仔细性和精确性。设计者必须十分科学、精细、系统地进行计划设计，而对于教学设计者来讲，他们同样要遵照这种原则，从而制定出更加合理的教学方案，从而取得良好的教学效果。

2. 教学设计

关于教学设计的定义，不同的教学论专家有着不同的解释，但其主要的解释大多是定位在教学规划、课程开发上。美国著名教学设计专家梅里尔认为，教学设计是一种以开发学习经验和学习环境为目的的技术。著名的教学设计专家加涅（R.M.Gagne）认为，教学设计是一个系统化地规划教学系统的过程。教学论学者赖格卢思（C.M.Reigeluth）也形象地把教学设计比作建筑设计蓝图，把教学开发比作实施这个计划的过程。而有些学者则把教学设计与教学开发视为同一物。我国的教学论研究者则普遍认为，教学设计是运用系统方法，分析教学问题和确定教学目标，建立解决教学问题的方案，评价实施结果和对方案进行修改的过程。

基于以上对教学设计的认识，可以看出，教学设计是一个宽泛的概念，它是对教学的整体规划甚至课程开发的概念。

3. 体育教学设计

与其他类型学科的教学目标、教学任务都不同，体育学科注重思维发展过程、身体活动过程，要求学生在身体、心理等方面全面发展。另外，体育学科需要学生在学习过程中具备一定的心理负荷承载能力和生理负荷承载能力，同时，由于体育学科教学过程空间具有开放性，因此容易受到外部、内部因素的影响，因此，在进行体育教学活动时，教师应该根据体育学科的学习目标，综合考虑教育活动实施的各项因素，从而进行更加充分的策划、准备。

20世纪80年代，我国相关学者开展了体育教学设计研究，使得人们逐渐对其方法、原理产生了较大的关注，推动了课堂教学改革、教学软件开发以及课程计划制定等相关方面的研究。

目前，我国体育教育行业对体育教学设计概念的理解主要有以下五种：

第一，体育教学设计是依照体育教学的基本特点，通过系统的方法，对体育教学活动实施的过程、活动开展之前的准备工作进行整合的过程。

第二，根据体育教学条件、学习目的，体育教学活动的设计者对学时、单元、学期、学年或学段中的教学工作展开最优计划工作、研究工作，这种界定方式确定了体育教学设计的应用范围。

第三，体育教学设计综合考虑了教学目标、体育教学环境、场地器材、学生以及体育教师等内外部影响因素，根据体育课程的独有特征，从体育教学系统的整体角度着手，从而进行有针对性的、系统性的分析，以解决教学活动中出现的问题。另外，体育教学设计也在不断地评价、修正体育教育行动方案，从而实现所设定的教学目标，获得最优化的教学效果。

第四，对于体育教学设计来讲，它为体育教师、学生的学习活动规定了一个大致的方向，使体育教学过程中的每一个环节、过程都得到较为明确的控制、约束。

第五，体育教学设计也可以称为体育教学系统设计，它需要顺应体育教学行为的基本逻辑、一般规律，并且具备设计的普通性质，是一种解决体育教学问题、面向体育教学系统、规范体育教学实施过程的特殊设计行为。

从以上对体育教学设计概念的表述来看，不同学者对体育教学设计概念的认识是不同的。综合以上观点，本书认为，体育教学设计是一项研究工作和计划工作。它以获取最佳体育教学效果为目的，以学习理论、教学理论、传播学和体育教学原理为理论基础，通过一套具体的操作程序来协调、配置体育教学过程中的各种要素（如体育教师、学生及教学内容、教学条件、教学目标、教学媒体、教学组织形式）以达到优化体育教学过程的一种设计活动。

（二）体育教学设计的意义

对于体育教学工作来讲，体育教学设计有利于体育教学工作的科学化，能够优化体育教学过程，提高体育教学质量和效果。体育教学优化包括体育教学方案（教案）设计优化和体育教学实施过程的优化等环节。通过体育教学方案设计优化和体育教学实施过程优化使学生的体力（身体素质）、体育知识、运动技术、能力、情感、人格和个性得到全面和最大限度的发展。

对于体育教师来讲，体育教学设计为体育教师提供了方法，可以促进体育教师从经验型、随意型向科学型转变，帮助体育教师发现、探寻教学活动中出现的问题，从而得到处理问题的办法和解决思路，体现了体育教学设计方案的针对性和时效性特点。对于体育教学设计来讲，它实现了教学理论活动、教学实践活动两者的有机结合，有利于培养体育教师的综合能力、科学思维习惯，提高他们的综合素养。除此之外，体育教学设计的展开，也促进了多媒体教材质量的提升。

第一，有利于体育教学工作的科学化。在传统体育教学中对于体育教学方案的撰写，一方面大多以课堂、书本和教师为中心，教学理念陈旧，另一方面，由于少数教师没有掌握一定的设计方法，导致教案撰写具有随意性。对于大多数体育教师来说，如果掌握了体育教学设计的相关方法，就可以增强体育教学工作的规范性，从而进一步提高体育教学过程的科学性。

第二，体育教学设计促进了体育实践活动、理论活动的有机结合。在传统的教学活动中，教师常常过于关注体育理论层面上的叙述，而忽略了体育实践活动的重要性，使体育教学陷入了形式主义，最后很可能无法实现教学目标。对于体育教学活动的直接实施者来说，他们有的在体育教学实践活动中苦苦探索，有的只是停留在体育理论教学活动的层面。而体育教学设计的出现则解决了这种问题，起到了沟通体育教学理论活动、践行教学活动的桥梁作用。借助体育教学设计，教师能够实现自身教育经验向教学科学的转变，不断补充体育学科教学理论知识，然后再落实到体育教学实践活动中，从而实现教学目标。

第三，体育教学设计促进了体育教师思维能力、思维习惯的培养。对于体育教学设计来讲，它能够系统化、科学性地处理体育教学问题，并提出一系列发现、确定分析以及解决问题的思路、方法，从而大大提升教师分析、解决问题的能力，使其形成科学、合理的行为习惯。

第四，体育教学设计促进了对青年体育教师的培养。体育教学设计能够为青年体育教师提供一种有效的教学方法，使体育教师能充分理解体育教学过程中的实际操作技能、基础方法、原理等，不断增强分析问题、解决问题的能力，并将这些理论知识落实到实际操作过程中。

第五，体育教学设计促进了多媒体教材的开发，提高了教学质量。随着科学技术的快速发展、时代的不断进步，教育行业逐步引入了网络信息技术、现代教育技术，并且也增设了大量的电教器材，体育教学手段、技术、方法也在不断更新优化。而对于体育多媒体教材来讲，它融合了体育教学方法、体育教学内容，使体育教师可以通过利用多媒体教材而大大提升教学效果。

（三）体育教学设计的基本要求

1. 体现素质教育理念

20世纪80年代，我国教育行业的发展发生了巨大的变革，教育理念也发生了根本性的转变，使传统的应试教育方式转向新型的素质教育方式。具体来讲，新型的素质教育能够培养学生的实践能力、创新精神，建立教师与学生之间合作、平等以及民主的良好关系。而对于体育教学设计来讲，它需要顺应素质教育的基本原则和要求，遵循学生全面发展的教学理念，充分激发学生学习的自主性和潜能，提高学生的综合素质，促进学生全面健康发展。

第一，遵循以学生全面发展为核心的教学原则。学生在教学活动中的主体地位能够有效指导教学设计，而以教师为主导实施的教学活动则呈现出截然不同的教育效果。在体育教学设计中，教师应将学生的实际需求放在首位，强调学生在其中的主体地位，关注学生的学习过程。详细来说，体育教学设计应充分考虑学生自身的成长、发展需要。在教育活动中，学生是这个过程的重要主体，教师应根据学生的个性化需求制定相应的教学步骤、过程以及内容，并且通过一定的启发、引导作用，激发学生的学习热情，提高学生发现、探究、分析以及解决问题的能力。

第二，顺应以学生为本的教学理念。在新型的素质教育背景下，以学生为本的教学理念被提出来。对于体育教学设计来讲，它主要体现在依照学生自身的实际情况和体育学科的独有特点，确定体育教学改革的途径和方向。这一教育理念是素质教育的研究重点，它强调体育教育、健康行为两者之间的有机结合，从而培养学生的社会适应能力。另外，体育教学设计坚持以学生为本的教育理念，体现了以学生为主体的教学理念，有利于提高学生的整体素质。

第三，展现终身体育的指导思想。体育教学设计主要是为了培养学生的爱好、态度、素养以及兴趣等，并且让学生在体育教学活动中学习到一定的健身方法，培养学生的体育锻炼能力，为其日后的身体锻炼打下坚实的基础。作为现代学校体育教学的一种思潮，终身体育已逐步在世界范围内的高校中得到广泛关注，成为体育教学活动实施的重要指导思想，促进了体育教育体制的深入变革，培养了大量具有时代化特征的体育人才。对于体育教育来讲，它实施的最终目的是使体育教育对象形成健身习惯，促进运动习惯形成、兴趣爱好激发两者的有机结合，贯彻学生身心全面健康发展的教学观念。因此，在体育教学设计中，教育者应强调终身体育的指导思想，并将其融入教育活动中的每一个环节，创新教育理念、思路，促进学生全面发展。

2. 体现全体学生的发展

第一，对于体育教学设计来讲，首先需要面向全体学生。在传统的体育教学活动中，存在部分体育教师只关注体育特长生，并且最终目的也大都是在运动会上夺取锦标，他们并没有将全体学生划入到自己的体育教学活动范围内，从而导致很多学生无法掌握技术要领，体育学习目标无法实现，甚至对身体锻炼失去兴趣。而通过新型素质教育，体育教学设计以及人才培养模式发生变革，实现了关注全体学生全面健康发展的转变，从而让全体学生在技能技术、体育知识以及身体健康等方面得到全方位发展。当然，这种模式要求教师在体育教学活动中投入更多的时间、精力，并且需要他们依照学生自身不同的特点，设计出更加个性化、差异性的教学方案，从而满足学生的多样化需求。

第二，体育教学设计应以促进学生全方位发展为根本目标。在传统的体育教学活动中，体育教师总是过多关注体育技能以及

第三章 高校体育教学设计与效率优化

知识等层面的教育,并且将体育考试达标作为衡量体育教学效果的唯一标准。而对于现代体育教学设计来讲,它要求学生不仅掌握一定的能力、技能和知识,还培养其核心素养,以实现人格健全发展。具体来讲,体育教师应在体育教学活动中强调学生的全面完善发展,从现代新型人才培养要求开始着手,关注学生在个性品质、能力、技术以及知识等各方面的培养,最后实现体育新课程标准中的社会适应目标、心理健康目标、身体健康目标、运动技能目标以及运动参与目标。

第三,根据学生自身的特点,进行体育教学设计。在体育教学活动中,学生是其中重要的主体,也是其中最主动、最积极的因素。对于体育教学设计来讲,它所设计的一切教学活动都是为了促进学生开展体育学习活动,最终实现预期的学习目标。通过学生的体育学习活动,教师们可以清楚地了解自己所制定的教学目标、教学内容、教学手段、教学方法以及组织形式是否合理、可行。现代体育学科发展强调学生的个性发展,注重学生自身的兴趣爱好,并要求体育教师依照学生自身的发展需要来进行体育教学设计,当然,这一过程需要将学生作为学习的主体来看待。由此看来,体育教学设计应该根据学生的特点进行设计,并且从学生的实际出发,对学生在学习活动开始之前的准备情况、能力倾向、兴趣爱好、技术水平、知识结构以及身心发展等情况进行详细分析。

(1)每位学生都是独一无二的,他们拥有自身独特的身心发展规律,并且这些规律能够对体育教学设计产生决定性的影响,因此,体育教学设计应该关注学生的独特性和差异性,从而确定教学方案中的各项具体内容。

(2)学生自身存在的体育技术水平、知识结构同样影响着体育教学设计,因此体育教师应该根据学生独有的体育技术水平、知识结构，确定教学手段、教学方法和教学组织形式，并且确定相应的教学内容和教学目标，从而满足学生的个性化需求，以获得最佳的教学效果。

（3）在体育教学设计中，学生的兴趣爱好也是影响其设计活动的一个重要因素。体育教学设计应强调学生自身兴趣爱好的重要性，从而根据学生的实际需求开展体育教学活动，激发学生的学习兴趣和潜能，充分调动学生的积极性和主动性，以取得更好的教学效果。

（4）体育学习准备也是影响体育教学设计的一个变量。在学生进行体育学习活动之前，其自身已拥有的身体发展状况、身体素质水平、体育技能以及体育知识能够对新的体育学习产生影响。

影响体育教学设计的学习准备因素主要包括：①学生年龄、性别、身体发育水平、体质状况；②学生体育学习风格，即学生对体育知识技能的感知和处理速度、处理方式等；③学生已有的体育知识、体育学习动机、个人对体育学习的期望、经历、生活经验、社会背景等方面的特征。以上这些方面是进行体育教学设计时需要考虑的。

3.适应体育课程教材内容的多样化

目前，我国教学活动主要实行校本课程、地方课程以及国家课程三级课程管理制度，这不仅能够增强课程的适应性，还使教学课程更加丰富多彩。近年来，我国体育教学活动的自主性得到了进一步加强，且体育教学内容也变得越来越多样化，这意味着教师在展开教学设计时，应该根据教学目标的需要、教材内容的特点，进行有针对性的筛选、加工等处理，使体育教材结构更加合理、重点更加突出、主次更加分明，并且能够运用合理、科学的教学手段和教学方法，高效率地实现教学目标，从而获得最佳的教学效果，促进学生全面健康发展。

4. 运用多种教学组织形式和教学方法手段

素质教育的发展，让高校对体育教学格外重视，体育作为高校教育体系的重要组成部分，为了全面提升学生的身体素质，适应学生德智体美劳发展的需求，不断创新教学方式，从外面引进了新的教学方式，通过体育教学促使学生形成自我锻炼意识，力求取得满意的体育教学成果。

（四）体育教学设计的要点分析

（1）应以运动技术学习为体育教学的主要目标和内容。体育教学的最终目标是让学生学以致用，所以运动技术的学习尤为关键。无论做什么事，一个健康的好身体都是重中之重，体育教学中可将运动技术纳入最终考核要点中。

（2）体育教学应当以增强学生的身体素质为前提。当前的体育教学中还存在一些问题，比如，部分体育教师不采用现代化体育教学方法，仍然固守过去的体育锻炼方式。此外，还存在完全否定过去体育教学方法而全部采用现代化教学，使得体育教学出现不理想的"一刀切"问题。任何"方法"都是为目的服务的。因此，体育教师在运用新的体育教学方法时要注意四点：①理清"现代体育教学方法"的目的；②理清"现代体育教学方法"的教学对象；③理清"现代体育教学方法"的适用教材；④理清"现代体育教学方法"的使用频率和限制。

（3）要通过实现有效的体育教学让学生体验运动的乐趣。让学生体验运动乐趣，是体育课追求的教学目标。只有让每个学生都能体验到运动的乐趣，才能使学生自觉、积极地参与体育锻炼，它也是培养学生终身体育意识、兴趣和习惯的前提。

（4）体育教学的综合验收评价应该是过程与结果相结合。教师根据当前体育教学目标，进行体育教学设计时，不仅要将终结性评价放在重要位置，还要重视过程评价，让体育教学评价发挥应有的作用。任何课程的评价都是以教师和学生为主体，教师和学生也要对评价结果负责。教师、学生、教学课程以及学生课堂学习过程四个部分共同构成最终的评价结果，也就是教师对学生的学习成果评价、学生对教学成效评价，以及教学过程和学习过程的整体评价。

（5）体育教学设计应避免"假、空、虚"。传统体育课的"三段式"教学过程有其自身的特点。体育课的主要任务是传授运动技术和锻炼身体。当前出现体育课分段越来越细的情况，这对于深化体育课教学改革和提高体育课教学质量起到了一定的作用。但也出现了少数体育教师为细而细的做法，追求设计形式的多变，而忽视体育教学的实质效果，导致了整个体育课教学过程的"假、空、虚"现象，这是需要注意的。如果分段太多，蜻蜓点水，实际上很难体现出教学效果，甚至是走过场，这是体育教学设计中需要避免的。

二、体育教学设计的理论依据

（一）体育教学系统理论

体育教学是教学的下位概念，是教学的有机组成部分，同时又是一个具有鲜明特点的过程。教学过程中，教师、学生、教学媒体、学习方法、条件、情境等诸要素均参与其中。教学设计就是要在这一过程中运用科学系统的方法去解决教学中的问题。

1. 体育教学系统的内容解析

体育教学内容属于教学范畴，但是它与其他学科的授课方式、授课内容大相径庭，体育教学来源于竞技体育，但落实到真正的体育教学中，却与竞技运动完全相反。基于此，体育教学要遵循教学的一般要求，但在许多环节上不能拘泥于一般教学的规则，因为体育教学有体育的特点。

（1）体育教学内容与一般教育内容的差异。首先，它是根据体育教学的目标选择，根据学生发展需要和教学条件而加工出来的教学内容。其次，它是以大肌肉群的活动状态进行教育的内容。最后，它是在体育教学条件下进行传授的。例如，语文、数学等学科没有以运动为媒介，也没有以大肌肉群运动或技能形成为培养目标。

（2）体育教学内容与竞技运动教学内容的差别。首先，体育教学是以学生为主体，目的是实现体育教学目标，让学生在通过体育教学锻炼身体的同时，还能学习到多项运动技术。竞技体育最终以比赛为导向，该项目进入体育课堂之前，通常会根据体育教学需要对其进行改造和加工，使其符合体育教学的目标。因此，经过设计加工后的体育竞技项目更贴合教学需要。

2. 体育教学系统的运行

教学系统的运行包括信息的输入、转换过程和输出等三个阶段。

教学系统的运行就是教学过程。教学过程的运行主要是通过教学过程中的信息传递实现的。教学过程中师生之间频繁地进行着信息交流：教学内容信息由教师或者其他信息源发出，经过信息通道或媒体传递给学生。学生接收信息后，他们的感受器把教学信息转换成神经脉冲的编码，传送给大脑；至大脑中枢加工后，又以新的编码形式传送给学生的效应器，引起反应活动，如回答课题提问、解答作业练习、完成体育技术操作等。在效应器活动的时候，学生的本体感应器不断发出关于每一瞬间效应器的状态以及内外条件变化的大量信息，重新编码后通过内导系统再次反馈传入大脑，作为大脑中枢对行为进行校正的依据，有效地实现自我调控。学生反应活动的信息经过信息通道或媒体又传递给教师，教师获得来自学生的反馈信息后，了解到自己的教学效果，也知道该效果与预期目标的偏离程度，并预测到学生学习上可能会出现的困难，然后进一步对教学过程进行调整。

（二）学习理论

1. 学习的界定

学习是活的有机体中普遍存在的现象。从生物进化的观点看，学习是有机体适应环境的手段。人类主要通过学习来认识、适应并改造环境。

学习是一个既普遍又复杂的现象。许多心理学家从不同的角度、不同的需要，以不同的标准对学习进行分类。加涅根据产生学习的情境，由简到繁、由低级到高级把学习分成8类，顺次排列成一个层次。低级学习向高级学习发展，高级学习要以低级学习为基础。

第1类是信号学习，如经典条件反射，包括不随意反应。如人骑自行车时看到红灯就会停下来。

第2类是刺激反应学习，如操作性条件反射，属于随意反应。如小学生为了得到表扬而做作业。

第3类是连锁学习，指一系列刺激反应动作的联合。如学生听到教师叫他名字（刺激），走到队伍前（反应），听到老师要他完成示范动作的名称（刺激），他按照老师的要求完成示范动作（反应），教师请他回到队伍中原来的位置（刺激），学生回到自己原来的位置。

第4类是言语联想，即根据言语刺激与反应行为的顺序组合而成的反应。如将单音节连成复合音节，将单词组成句子，翻译外文单词等。

第5类是辨别学习，指认出多种刺激的异同之处。如儿童指出色泽和大小均不同的图形。

第6类是概念学习，即在对刺激进行分类时对事物抽象特征的反应。概念包括两类：具体概念，如桌子、树木、老虎等；抽象概念，如温度、质量、平方根等。

第7类是规则学习，指几个概念组成的各种定理、定律或原理的学习。

第8类是问题解决或高级规则学习，即在各种条件下使用规则来达到目的。

2.学习的具体条件

学习是人能动的信息自我加工过程，良好的学习条件可以保证学生学习的效率与效益，具体如下：

（1）良性的学习的刺激。为了确保学习刺激可以被学生接受，应给予学生编码信息的机会，即信息加工的足够时间。

（2）良好的注意力和动机。新异刺激，多样化教学手段，满足学生需要是完成教学所必需的。

（3）注重学生习得的反应。此过程包括参与、注意、心理加工、即时外显行为反应、形成性反馈，但是也有非外显的问题，如心理默诵、回忆及联想等。体育教学中一般都需要外显反应。

（4）强化与形成性反馈。强化需要满足的源泉，可能来自外部，也可能是来自机体内部。奖赏是外部的强化,但是强化后持续行为随兴趣下降而缩短,内部的强化能更持久。具体(正例和反例)、定量、方向性的信息,形成的形成性评价比笼统的表扬更有利于强化。

(5)关注学生不同的认知风格。学生的认知风格有研究型和接受型两种。教师应根据学生认知类型的不同而因材施教。当前一味提倡探究型学习实际上又回到"一刀切"的旧轨上,只是形式与以前不同而已。

(6)良好的场地器材。在体育教学中良好的场地与器材条件是十分重要的。良好而又充分的场地器材不仅可以提高学生的学习积极性,还可以预防伤害事故的发生。

3. 影响学习的变量

(1)学生自身

1)认知结构变量。某门学科中先期获得的知识在内容和组织方面的特征对同一学科的另一个学习任务起制约作用。由于学科知识一般是循序渐进和有层次的,因此,学生在某门学科中已有的知识如何和获得这些知识的方式如何,将显著地影响他在有关学科中新的学习。

2)在发展上的准备。这是反映学生在某一智慧发展阶段和那一发展阶段特有的智慧能量、智慧功能作用方式的一种特殊准备。如15岁青少年的认知发展比6岁儿童的认知发展明显优越,因而前者学习各种知识更加容易。

3)智慧能力。这是指个人的一般的学习才能倾向的相对水平和他的特殊的分化的认知能力的相对水平。学生能否顺利地学习自然科学或文学,明显地依赖于他的一般智力、言语和计数的能力,以及解决问题的能力。

第三章 高校体育教学设计与效率优化

4）动机与态度。如求知欲、求成、自我提高的需要和对特殊学科的兴趣，这些因素影响着努力的程度、坚持性、集中性和注意等。

5）人格。这是指动机、个人适应和其他人格特征在水平、类别以及焦虑水平的个别差异。这样一些主观因素对学习过程的质量和效率都会产生深刻的影响。

（2）外部环境

1）练习，包括练习的次数、分配、方法和一般条件（包括知道结果或反馈）。

2）教材安排，包括数量、难度、组块大小、内在逻辑、次序、速度和显示手段。

3）集体和社会，如班风、人际关系、合作和竞赛、社区文化背景等。

4）教师特征，包括他们的认知能力、学科知识、教学技能、人格和行为品质。

4.学习理论的流派

单基础论认为教学设计的理论基础是认知学习理论，并强调"主要是指加涅的认识学习理论"。不仅是单基础论，还包括双基础论、三基础论、四基础论等多种关于教学设计理论基础的基本观点都对"学习理论"普遍看好，一致认为它是教学设计的理论基础，表明教学设计的取向是以学生的学习为中心的，这符合教学设计的理念与时代需求。学习理论包括以下四类流派：

（1）刺激—反应学习理论。该教学理论从神经条件反射理论延伸而来，它将外界环境看作刺激，将根据环境刺激出现的机体行为看作反应。

（2）认知学习理论。认知学习理论是通过研究人的认知过程来探索学习规律的学习理论。其主要观点包括人是学习的主体，主动学习该理论是以个体对环境的适应性为基础的，而并非外界环境对个体行为的影响。外界环境只是对个体的一种刺激，至于这种刺激是否被人加工过，完全取决于学生的心理素质。因为外界环境的潜在刺激是无法用数值衡量的，有的可能会起到一定的作用，有的作用小到可以被直接忽略，原因就是每个人的心理结构是不一样的。所谓心理结构包括两个部分，即自然现象和社会现象。当新的刺激发生改变了学生的心理结构，学习就会随之发生。因此，学习的基础是学生心理结构的改变，而不是外界刺激引起学生行为的改变。

（3）认知—行为主义学习理论。这是指运用行为主义的理论和方法研究学习的一种心理学。这种理论是对以上两种理论的否定，认为刺激和反应之间并不存在直接的关联，它们之间的关系只是有机体内部的中间环节，主要内容是在外部环境作用下机体行为的变换和内部心理结构受到外界环境刺激后做出的改变，它是这两种理论的折中。该理论也存在矛盾性，比如它赞同行为主义的基本假设，但是对行为主义不认同的思维、情感认知又做出进一步的探索。

（4）人本主义学习理论。人本主义学习理论强调人的潜能、个性与创造性的发展，强调把自我实现、自我选择和健康人格作为追求的目标，是一种主观视角。人本主义提倡的是以人为本，通过第一视角的主观考察，对个体的潜能、创造性进行综合考量，然后对人的行为认知进行多方面、全角度的分析和研究。

5.学习理论与教学设计的重要联系

如前所述，美国著名教学设计专家梅瑞尔认为，教学设计是一种以开发学习经验和学习环境为目的的技术。梅瑞尔的教学思想很大程度上受到了加涅的影响。梅瑞尔虽把教学设计简单地理解为一项技术，存在一定的偏颇，但却说明了学习理论与教学设计两者之间的重要联系。

（三）教学理论

教学理论是教学模式更深层次的思考因素。教学模式是在教学理论或思想的支撑下建立起来的，因此，任何一种教学理论都带有教学思想的影子，由此可见，体育教学理论对体育教学模式的影响深远。

1.教学理论的发展趋势

（1）从研究传递文化、适应环境，发展到利用文化的力量来促进个性的充分发展。

（2）研究重心从教师的教与学生的学发展到教与学的辩证统一。

（3）行为学派和认知学派的分歧有所缩小。

（4）从注入式到启发式再到现代启发式教学的研究。

（5）从纯粹的社会科学逐渐向科学技术性方向发展。

2.教学理论与教学设计的重要联系

由于教学设计是一门新兴的交叉科学，故它的存在必然需要众多的理论来支撑。研究表明，不同的学者对教学设计的理论基础问题的认识有所差异。我国学者林宪生在总结众多学者的观点后，分析归纳了当前关于教学设计理论基础的几种观点，见表3-1。

表 3-1 教学设计的理论基础归纳

理论基础	学习理论	传播理论	教学理论	系统理论	设计理论	视听理论	教育哲学	认识论
单基础	√							
双基础	√	√						
三基础	√	√	√					
四基础	√	√	√	√				
五基础	√	√	√	√	√			
六基础	√	√	√			√	√	√

由表 3-1 可见，三基础论、四基础论及五基础论者都认为教学理论是教学设计的理论基础之一，足以见得教学理论在教学设计中的重要性。教学理论在教学设计中发挥着重要的理论作用，教学理论的研究与发展对于教学设计具有极其重要的作用具体如下：

（1）教学设计产生的原因之一是教学理论发展的需要。

（2）教学理论的研究成果为教学设计提供了科学依据。

（3）教学理论与教学设计相互作用都不断得到发展。

三、体育教学设计的背景分析

（一）学习需要的分析

近几十年来，体育教学设计在形成和发展过程中，其关注的重点最初在于"如何教"，即体育教学方法、体育教学媒体的选择和组合，后来逐步转移到"教什么"，即体育教学目标、体育教学内容的确定和安排，现在开始顾及"为什么教"，即学生学习需要的分析和论证。这是人们对系统论思想的理解日益加深的表现，也是自觉运用于体育教学设计实践的结果。

第三章 高校体育教学设计与效率优化 <<<

1. 学习需要及其分析的必要性

泰勒（R.W.Tyler）把需要定义为"应该是什么"与"是什么"之间的差距，考夫曼（R.Kaufman）认为需要是当前结果和期望结果之间的差距。也就是说，需要是由现实和渴望之间的差距所引发的，表现为结果的差异、人们的内心体验、现实情况中存在的问题。

学习需要就是学生在学习方面的目前状况与期望水平之间的差距，是指学生目前水平与期望学生达到的水平之间的差距。期望主要是指社会发展对学生提出来的要求，学校和班级对学生提出的要求、学生对自身的要求等方面。对于学校教育者来说，这种期望则体现在《体育教学大纲》中或《体育与健康课程标准》中。而目前状况是指学生群体或个体在体育知识、技能、能力、态度等方面的不足，同时也指出了要解决的问题，规定了体育教学的任务和目标。

人们常常将教学目标和学习需要混为一谈，但其实后者是一个远比前者要广泛的概念。另外，教学目标强调教师的主导地位，而学习需要则显然以学生为核心出发点。

对学习需要进行分析是必要的。其实质是找到学习需要的真正痛点。因此，对学习需要进行分析并不是为了消除问题，而是为了了解问题，只有了解其实质，找到问题产生的根本原因，才能真正在面对任何问题时都有对应的解决方案。就学习分析的实施途径而言，为了让教学设计环环相扣，为了让教学目标得以实现，必须进行学习需要分析。只有通过这一过程，才能准确地知道学生的需求点。因此，从某种程度上来说学习需求分析是直接影响到教学活动的关键步骤。同时，由于通过分析可以得知学生的真正需求，所以教师可以更加高效地解决最重要的问题，这样既提高了教学效率，又提高了教学效果。

2.学习需要的主要类型

伯顿（J.K.Burton）和梅里尔为了便于对学习需要进行分析，把与教育有关的需要分成六类，具体如下：

（1）标准的需要。标准的需要是指个体或集体在某方面的现状与既定标准比较而显示出来的差距。既定标准包括国家各种类型的标准测试。标准需要的确定需要经过三个步骤：第一步，获取标准，如《体育教学大纲》《体育与健康课程标准》《国家体育锻炼标准》等；第二步，收集对象与标准相比较的资料和数据；第三步，比较后确定标准需要。

（2）比较的需要。比较的需要是同类个体或集体通过相互比较而显示出来的差距。第一步，确定比较的领域；第二步，收集对象和比较对象在比较领域的资料和数据；第三步，确定两者之间的差距。此外，还要分析判断这种需要的重要程度，以便确定是否满足这种需要。

（3）感到的需要。这一需要通常基于个人需求。只有当个人对某件事产生了切实的诉求以后，这种需要才会产生。而设计者在进行教学设计时也要充分认识到这一点，正确认识这种需要产生的根源与需要被满足的程度。如，有的学生为了提高自己的网球技术技能，产生了提高自己网球技术技能的"需要"。确定"感到的需要"也需要收集资料和数据，比较好的方式是使用测验和考试，以获取信息。然后分析这种需要的重要性，以决定是否满足这种需要。

（4）表达的需要。表达的需要可以看成个体把感到的需要表达出来的一种"需要"。人们常常愿意尽力满足表达的需要。例如，某中学准备开设体育选修课程，请学生将自己想学习的体育项目写在登记表上，这就是一种表达的需要。它表达了学生要学习某个体育项目的需要。同样，确定表达的需要，也要收集资料和数据，可采取各种具体的方法。例如，面谈、问卷、填写登记表、座谈等，也可从学生的各种具体行为表现中捕捉各种反馈信息，以确定表达的需要。是否满足这种"需要"，体育教学设计者还要作出价值判断。

（5）预期的需要。预期的需要是指将来的需要。一般来说，体育教学设计者通常考虑的是现实的需要，实际上考察学生将来的需要是体育教学设计的重要组成部分。例如，体育教师在体育教学中要选择有利于学生终身体育的知识、技术、技能和方法，他的预期需要是全体学生能够掌握这些体育的知识、技术、技能和方法以为将来终身进行体育活动服务。

（6）危机性事件的需要。危机性事件的需要是一种很少发生，但一旦发生却可能引起重大后果的需要，如地震、洪水、火灾等自然灾害，获取这种需要的资料和数据，主要通过分析潜在的问题入手，也可通过提出问题入手。如：有些小学体育教师就针对地震、洪水、火灾等自然灾害的问题，设计了如何教小学生逃生的体育教学课。

上述六类学习需要的核心内容就是，当"现状是"与"应该是或必须是"之间存在差距时，就产生了"需要"。要确定"需要"是什么，有多大，价值怎样，是否需要满足时，就要采取有效的方法，收集资料和数据，比较分析，作出价值判断，以确定是否需要满足这种需要。

3. 学习需要分析应思考的问题

分析和研究当前体育教学中存在的问题是进行学习需要分析的重要环节，体育教学中存在着许多复杂的问题，诸多因素参与体育教学过程的活动，很难一一加以分析，但下列这些问题值得人们认真思考。

问题一：学生是否达到体育教学目标的要求。一般来说，体育教师在确定体育教学目标时，依据了体育教学大纲的规定、体育与健康课程标准的要求、学生的实际情况。要找出学生与体育教学目标之间的差距，可通过系统观察（如：听课）、标准测验（如：800米跑达标）、对学生行为的评估（如：篮球投篮技术评价）来进行。如果大多数学生达到了体育教学目标的要求，说明体育教学目标是符合实际的；如果相当多的学生未达到体育教学目标的要求，则说明制定的体育教学目标过高，大多数学生无法达到，这样就找到了问题的所在。

问题二：体育教师所采用的体育教学策略是否有效。体育教师上课前设计的课型、安排的体育教学程序、采取的体育教学形式、确定的体育教学活动、使用的体育教学方法等都是精心策划和巧妙安排的，但不一定能取得良好的教学效果，教师仍要通过观察、谈话等形式进行评估，确定所涉及的体育教学形式是否有效，所确定的体育教学活动是否低耗高效，所使用的体育教学方法是否恰当，教学的起点、环节、步骤等是否科学。一般情况下，通过这样的分析，就能找出差距和问题。

问题三：体育教师所使用的传递信息的方法是否奏效。有时，在现有的体育教学条件下，大多数学生都能达到体育教学目标的要求，而在有些情况下，有相当一部分的学生不能达到体育教学目标的要求，这时，考虑改变教学信息的传递形式才是明智之举。如：使用录音机、录像机、多媒体以及其他教学媒体，同时要排除教学信息传递过程中的一些干扰，保证教学信息准确、及时传递给学生。

问题四：体育教学是否使学生学有所获。通过体育教学，使不同程度的学生取得学习上的收获，是体育教师的重要任务。如果学生取得学习上的收获，心理上就会产生一种愉悦感，进而提高学习兴趣，增强学习动力，增加克服学习困难的勇气和信心。这不仅会对当前的体育学习产生良好的效果，而且会对今后的体育学习产生持久的影响。所以，体育教师在分析学习需要时，还要看重体育教师的教学使学生获得了什么，为了使学生取得收获，许多体育教师进行了成功体育教学的尝试。

问题五：体育学习内容的难易程度如何。体育学习内容的难易也是随着学生年级的增高逐步加大，但体育学习内容的难易程度如何确定，关键在于体育教师处理体育学习内容的方式。对于体育教学中的难点，体育教师是怎样确定的，是否是难点，怎样突破难点。这时，就要看体育教师能否做到化难为易、化繁为简、化深为浅。真正做到了这一点，学生也可以掌握较难的体育学习内容。因此，体育教学设计要注重体育教师对于较难的体育学习内容的处理手段和方式，以及体育教师处理较难的体育学习内容的过程及结果。

问题六：学生起点的分析是否正确。体育教学总是在一定的起点上开始的。在学习新知识、技术技能之前，体育教师一定要分析学生的知识、技术技能准备情况，并在体育教学中做到以旧引新，组织复习，加强新旧知识、技术技能的联系，使新知识、技术技能纳入学生的原有知识、技术技能的结构中去。

（二）体育教学内容的分析

1. 体育教学内容的基本组成

体育教学内容是在体育教学目标的前提下，根据学生发展需要和教学条件进行加工，依据当下的教学环境、师资力量、教学体系进行教学内容设计，在体育教学环境下传授给学生的体育知识原理、运动技术和比赛方法等。课程内容包括技术内容、知识理论和健康知识，具体在《体育与健康》课程方案大纲中，也编写进了高校的教科书和学习软件中。

体育教学内容有一定的结构体系，有不同层次。在体育教学设计领域，有时也将体育教学内容分为课程、单元和项目三个层次。课程就是一门独立的教学科目，它由若干个单元知识的组块构成，如《篮球运动》这门课程包括篮球运动概述、篮球基本技术、篮球基本战术、篮球规则等单元。一个单元又有若干项目即知识点构成，如"篮球运动概述"这个单元包括篮球运动的起源、篮球运动发展历程、篮球运动特点、篮球运动的作用等项目。

体育教学是一个整体的过程，各个环节互有关联。一般而言，教学内容的联系以两种方式呈现：一是次序联系，这种联系指的是不同内容之间存在着天然的衔接，比如某种运动发展史是按照年代顺序展开的，武术基本手型和步型、基本功、基本动作与组合、套路则按学习顺序排列；二是部分与整体联系，即体育教学内容的一个方面是另一方面的构成要素，如个人有球技术和个人无球技术是篮球个人技术的两个内容，而个人有球技术又有运球、传接、投篮等技术。

从体育教学内容编写的整体框架来看，各组成部分之间是有内在关联的。比如武术的基础手型和步型、基本动作以及拳法施展套路等，其有序地结合在一起。单列出基本功来讲又可将其细分为腿功和腰功等，腿功又可以细化到侧踢、外踢等腿法，各个部分之间相互关联。

教学活动并不是超脱于时代和现实的存在，教学活动的发展一定会受到现实因素的桎梏。而教学内容的存在本质上也是社会需求的反映。无论是经济、政治还是文化因素都会影响社会对教学的评判标准及对学生的培养要求。因此，当设计者在进行教学内容设计时，必须要充分考虑各种社会因素。

2.体育教学内容及其分析要点

本书中对体育教学内容的分析主要是体育和健康课程方案以及教学计划、学期教学计划制订时的体育教学内容分析,至于各单元教学计划、学时教学计划(教案)的教学内容分析,将在后面的体育学习任务分析中讨论。

学习需要分析为体育教学的内容分析提供基础。基于学习需要分析,体育教学内容分析可以从两个维度展开:首先是确定教学内容。这一内容一方面指的是学生的学习范围(即广度),另一方面指的是学生对知识的掌握程度(即深度)。其次是梳理教学内容本身各部分的联系。做到这两点,教师就能够对教学内容有一个更深层次的把握,对教学内容的逻辑安排也更能得心应手。

3.体育教学内容的选择和组织

(1)体育教学内容的选择

教学内容是为了满足教学需要而存在的,目的是使学生能够熟练掌握需要掌握的知识和技能。

由于相关部门已经在教学大纲中对体育教学的内容有了明确的规定,故教学工作者选择教学内容的余地比较有限,在大多数时候体育老师只需要照本宣科。不过,教学大纲的规定大多只限于教学目标,而对实现目标的途径并没有明确的规定。因此,体育教师事实上有相当大的自由。当然,现代社会发展日新月异,教学也需要因时而变,变革也是教师们必须要考虑的问题。

兼具科学性和实用性、趣味性和严谨性、理论性和实践性,是体育教学内容所必需的特质。

(2)体育教学内容的组织安排

不同教学内容的重点和特点是不一样的,根据不同的特点选择相应的教学内容是一门学问。在进行具体的操作时,要做到以下方面：

第一，总分结合。总的部分是指核心的知识点，通常是认知性知识，主要学习概念和原理。对这部分的教学一般首先要给学生树立一个大的框架，也即总的部分。分则是对具体的知识点进行细分。一般而言，先有一个整体概念，就比较容易再接受分体概念，反之则会困难许多。因此，从总出发，总分结合，才能为学生夯实知识根基。

第二，深浅结合。如果上一步提到的总的知识框架对学生来说还是过于艰深以至于很难被学生接受时，那就应该考虑换一个策略，即简化教学内容，从较为简单的层面出发，化抽象为具象，由浅入深地进行教学。尤其是当教学内容的逻辑极为严密，必须要先掌握分的知识点，才能逐渐推进到对全局的把握。

第三，不同的发展顺序决定了不同的教学内容。有些教学内容之间是按照时间的发展顺序，有些则是按照空间发展顺序。应尊重事务的发展逻辑，将教学内容的安排与事务发展的事实相结合，使教学内容符合客观规律，从而不至于使学生产生认知上的矛盾。

第四，重视横向联系。虽然知识间的纵向联系通常是系统掌握某一领域知识的主要联系，但适度进行横向知识体系的训练也是必要的，这样有助于学生深化对知识的认知，有利于学生融会贯通，一学多用。

当上述条件都能满足时，便要着手进行教学纲要的编制。教学纲要能够厘清教学者的思路，通过直观又严谨的纲要表，教师能够清楚地了解自己将要达成的教学目的。

第三章 高校体育教学设计与效率优化

（三）学生的分析

为了达到体育教学目的和满足学习需要，仅对体育教学内容进行分析是不够的，还应该对体育教学对象即学生进行客观、正确的分析。因为学生是体育教学活动的主体，一切体育教学活动只有从学生的实际出发才能成功和优化。可以通过对学生情况的分析，了解学生的准备情况和学习风格，为体育教学内容的选择和组织、体育教学目标的编制、体育教学活动的设计、体育教学方法和媒体的选用提供可靠的依据。分析体育教学对象的目的是了解学生的学习情况及其特点，为后续体育教学设计步骤提供一个重要依据。

1. 学生起点能力的分析

体育教学终究要落到学生身上，因此了解教学对象的基础是非常必要的。每个学生接受教育的基础，是具备了前一个阶段的知识储备，我们称这种储备量为学生的起点能力。对这一能力进行分析是每一次系统教学活动开始之前的必修课。

如果对学生起点能力的分析这一步做得不到位，教学活动就很难与学生的接受能力相结合。如果低估了学生的起点能力，那么教学内容的很多部分可能就是在浪费时间，反之，如果过于高估学生的起点能力，那么教学内容可能会定得太过艰深，以至于学生可能完全跟不上节奏。无论是哪种情况都不利于教学实践。反之，如果做好了这一步，那么教学活动就有了一个好的开始，日后的教学效果也会事半功倍。

（1）学生知识起点能力。约瑟夫·D.诺瓦克提出以"概念图"来判断学生的认知结构技术。概念图的理论基础是Ausubel的学习理论。知识的构建是通过已有的概念对事物的观察和认识开始的。学习就是建立一个概念网络，因为不同学生对知识结构的掌握有所不同，所以绘制的概念图也不相同。体育教学就是根据学生的基础情况，不断对学生的概念图加以完善的一个过程。教师为了更好地了解学生体育学习的真实状况，让学生绘制概念图，通过学生绘制的概念图来判断其目前的学习水平，然后有针对性地调整体育教学计划，因材施教，提升体育教学的质量。

（2）学生技能起点能力。根据技能优先的教学理念，技能起点能力会对学生的技能学习产生重大影响。和其他起点能力分析类似，技能起点能力分析也强调教学内容的起点应该与学生的起点能力相契合。同其他起点分析类似，加涅等教育学家也提倡通过测试等办法了解学生的起点能力。但是需要注意的是，所谓起点能力并不是一个僵化的概念，有时候学生可能已经掌握了相当的知识，但对某一特定方面知识的掌握却不充分，在这种情况下，该生在该领域的起点能力也应被判为较低。

（3）学生态度起点。好的学习态度对学习的重要性不言而喻。所谓态度其实是人的一种持续的内在状态。需要注意的是，态度并不意味着某一特定行为，但态度在一定程度上决定了一个人的行为模式，根据态度我们能够比较清晰地看到学生接受知识的倾向强弱。

通常而言，态度由情感、行为、认知成分构成，三者相互影响又相互作用。在这三种因素中，情感通常被认为是具有决定意义的部分。

2.学生一般特点的分析

学生的起点能力会对最终的体育教学成果产生直接影响，学生的一般特点则间接影响体育教学的具体结果。皮亚杰认为体育教学中对学生的一般特点进行细化了解，对之后的体育教学有很大的帮助。他认为在儿童认知发展变化中，最主要的变化是从具体认知向抽象认知的过渡，它决定着体育学习内容的选择和体育教学方法的采用。体育教学设计中，必须将具体的事物作为认识抽象事物的基础，引导学生的思维逐渐向抽象的逻辑思维过渡。可见，了解学生的年龄特征，有助于体育学习内容的确定，有助于体育教学策略、体育教学媒体的选用。

皮亚杰在概括他的认知发展阶段学说时指出，各阶段出现的一般年龄特征，虽然因个人智慧程度、社会环境不同而可能会有差异，但是各个阶段出现的先后顺序不会改变。需要注意的是，各个阶段作为一个整体结构，它们之间的先后顺序不能彼此调换。

（四）体育学习任务的分析

根据学习风格的特点，就可以恰当地处理体育学习内容，准确地采用体育教学方法，科学地选用体育教学媒体，创造适宜的学习环境，有效地提高学生的体育学习水平。

基于上述表述，学生特点可以从不同角度进行剖析，通常情况下，体育教学都是根据教学目标制定相应的体育学习内容，并对学生的学习情况进行考核分析，然后采用恰当的方式进行体育教学。

1. 学习准备及其内容

学生在进入新的学习领域时，必须要进行一定的准备工作，以使自己原有的知识能够与即将学到的新知识进行衔接。从某种程度来说，学习准备涉及的领域与学习本身是完全一样的，即技能、理论及情感领域。

学生的准备状态不仅应保证他在新的学习中有所收获，而且应该使他的学习在时间和精力上消耗合理。因为离开了学习时间和精力的经济性，学习的价值就会受到影响。学习准备也离不开学习方法，例如用语词讲解不能学懂的知识，可以通过形象化演示（示范或示图、视频媒体等）学懂；课堂上学不会的技能，可以通过课外实践学会。所以，对学习准备只能作相对理解，不能将它绝对化。

体育教学之前既要明确"目的地"，即体育教学目的，也要明确"出发地"，即学生准备状态。根据学生原有的准备状态进行新的体育教学，这就是体育教育中所说的准备性原则、量力性原则和可接受性原则。

学习准备包括两个方面。一是学生对从事特定的体育教学内容的学习已经具备的知识技能基础，以及对该项学习的认识和态度。对此方面学习准备的分析称为起始能力预估，它与所学的内容直接相关。二是对他从事该项学习产生影响的心理和社会方面的特点，包括年龄、认知成熟度、生活经验、文化背景、学习动机、注意力稳定性等。对这一方面的学习准备的分析称为一般鉴别特征，它虽然与体育学习内容无直接关系，但影响体育教学内容的选择、体育教学方法和媒体的使用。

虽然我们可以通过教学目标、教学成果判断标准，但我们并不能通过教学目标知晓应该如何达到这一标准。因此，要想真正发挥教学目标的意义，就必须对教学过程进行拆解式的分析。

2. 任务分析的解释

关于任务分析技术的含义，中外心理学家有许多解释：

（1）确定学生将要解决的某一问题的特定步骤。

（2）对任务所需步骤的评估与陈述。通常也包括对所涉及的技能和操作的精确陈述。

（3）是对学生实现某一目标之前的子技能进行等级排列的过程。

第三章 高校体育教学设计与效率优化

（4）把任务或目标分解成较简单的成分的过程。

（5）描述某一技能的子技能以及它们之间的联系、在整个任务中的作用的一个过程。

（6）把任务分成基本子技能的系统过程。

（7）描述任务或技能的成分。

（8）确定学生实现某一特定教学目标之前必须先教技能的构成成分。

（9）是一种教学设计技术。旨在揭示从学生的起点行为（原有知识基础）到终点行为（预期的学习结果）之间必须掌握的新能力的类型及其层次关系。

所谓任务分析就是对教学任务进行拆解，将大任务划分成许多小任务，以每个小任务的完成促成大任务的完成。之所以要强调任务分析，是因为这一分析过程某种程度来说也是对教学环境认识深化的过程。因此，体育教师必须兼具其所教授领域的体育技能与相应的理论知识。

3. 任务分析的基本步骤

了解了什么是任务分析以后，接下来要讨论的是怎样进行任务分析。在总结国外任务分析的理论与技术的基础上，结合具体的体育教学实践，本书提出体育教学设计中任务分析要做的工作如下：①确定学生的起点能力；②分析使能目标及其类型，使能目标是介于起点能力与终点能力之间应掌握的先决知识技能；③分析学习的支持性条件。

在上述三种观点中，有以下三点是共同的：

第一，通过小测试确定学生的起点能力。斯拉文认为，学生的起点能力是确定其对知识接受程度的决定性因素。相应地，通过小测试等手段了解到学生的起点能力也是每个教师应当具备的手段。况且从人类对知识接受的先后顺序来看，对高级知识的掌握必定是建立在对基础知识掌握的基础上，因此，如果教师发现学生对基础知识掌握不牢固，则应当立即补上其短板，以使其能够跟上教学节奏。

第二，使能目标。所谓使能目标，即学生在通过一定阶段与过程的学习后掌握的该阶段应当实现的终极目标的各个分目标。需要注意的是，使能目标并不一定是一个单一的目标，通常学习过程越复杂，使能目标就越多。在一个垂直的教学体系中，每一个分阶段的目标都是上一个阶段总体的使能目标，而该阶段的单一目标又构成其上级的使能目标。当然，就体育教学而言，除了体育康复这一类理论性较强的课程以外，其余课程的使能目标并不算多。

第三，支持性条件。所谓支持性条件，是与必要条件相区分的一个概念。所谓必要条件，也即上文所称的使能目标，是与下一段目标的实现紧密结合的目标，而支持性条件则仅仅是对目标的实现产生有限影响的条件。需要注意的是，这种影响并不一定都是正面的。

学生的所有学习都必须具备必要条件和支持性条件这两个前提条件。加涅把它归结为表3-2。通常可以在体育学习任务分析时依此进行具体的任务分析。

表 3-2 五类学习结果的必要条件和支持性条件

学习结果类型	必要条件	支持性条件
智慧技能	更为简单的智慧技能成分（规则、概念、辨别）	态度 认知策略 言语信息
认知策略	具体的智慧技能	智慧技能 言语信息 态度
言语信息	有意义组织的一系列信息	言语技能 认知策略 态度
态度	智慧技能 言语信息	其他态度 言语信息
动作技能	部分技能 程序性规则	态度 体能

4.体育学习任务的分析方法

为了避免教学过程中的盲目性，我们必须采取行之有效的分析方法实现既定的教学目标。

（1）归类法。顾名思义，归类法就是将教学内容按照一定的标准进行归类，从而使知识更具条理性。这种方法尤其适合陈述性的学习内容。使用这种方式时，首先要把教授的内容全部都梳理出来，然后按照一定的原则进行排列。接下来根据逻辑关系对排好的内容进行修正，以确保其适合教学实践。

（2）层级法。为了实现既定的教学目标，必须将总体目标分为许多小目标，这些大小目标即层级。在进行层级分析之前，教师必须明白自己想要达到哪个层级的效果，为了达到这个效果，可以将其余的内容分为几个层级，每个层级安排多少内容。就这样层层递进地分析，一直到最低的层级刚好与学生的起点能力相契合。

（3）信息加工。这一方法最大的特点是秩序性和程序性，因此也有人叫它程序分析法。采用这一方法侧重于对心理过程的分析，旨在探究学生学习过程中对信息的接受能力。这一方法在讨论学生的学习动能和学习技能之间的关系时尤其适用，因为这一方法能够将较为抽象的心理因素以图表的形式展现出来，从而可以了解学生的信息接受程度，由此，教师就对该怎样展开教学有了清晰的认识。

第二节 高校体育教学环境及其设计优化

一、体育教学环境概述

（一）体育教学环境的内涵

体育教学环境是一种特殊的人类生存环境，是按照发展人的身心教育需求组织的体育教学的活动空间领域，是为了人们更好地进行体育教学、体育锻炼、体育竞赛而主动利用环境、适应环境、改造环境的产物。体育教学环境是环境的下位概念。体育教学环境与自然环境因素以及社会环境因素有着密切的联系，从而导致体育教学环境具有复杂性和多样性。总的来说，体育教学环境是学校实现体育教学活动所必需的多种客观条件的综合，它是按照体育教学活动中人的身心发展的特殊需要而组织起来的环境。

（二）体育教学环境的特性

体育教学实践证明，体育教学环境在体育教学活动中具有极其重要的意义,它是体育教学活动必不可少的基础,与其他学科教学活动相比,体育教学环境对教学活动产生的影响更直接、更明显、更复杂。这是因为体育教学环境是师生进行教学活动的舞台,若缺乏这一舞台,师生的教与学就会失去依托,失去基本立足点。从表面上看,体育教学环境是影响体育教学活动的外部因素,但实际上它却以特有的影响力,干预着体育教学活动的进程,而且系统地影响体育教学活动的效果。体育教学环境在体育教学活动中发挥着如此巨大的作用,主要还是它的特性决定的。

(1)复杂性。体育教学环境有别于其他学科教学环境,影响体育教学环境的要素更多、更为复杂。这主要是由于体育教学绝大多数是在室外更为开阔的空间里进行的。空间的开放性决定了教学环境的复杂性。体育教学不仅要受到各种硬件条件的影响,还会受地理条件、气候条件、师生关系、校园体育文化氛围等因素的影响,这导致了体育教学环境的复杂性。

(2)动态性。体育教学环境是按照一定的教学目标和需要,专门设计和组织起来的一种多维度、开放式、全天候的动态变化环境。这一特殊的因素是经过一定的论证、选择、提炼和加工后而产生的。因而,它比其他学科的教学环境更易集中、一致并且系统地发挥作用,这对体育教学产生了重要的影响。

(3)可控性。体育教学环境能够随时随地地被调控,在体育教学活动中,教师可依照不同的教学环境和教学活动需求及时调控教学环境,避免消极因素的出现,让更多积极因素促进学生身心健康发展,让体育教学环境为教学活动带来更多推动力。

(三)体育教学环境的类别划分

体育教学环境是一个复杂的系统,在系统内部各种因素相互制约、相互影响，但都会在体育教学过程中产生相应影响。对体育教学环境系统的划分必须保持正确，才能更好地探索体育教学系统，合理优化影响体育教学的环境因素，以实现其可持续发展。

体育教学环境的分类要依照不同的分类标准进行。

1. 内环境与外环境

根据对体育教学影响方式的不同，体育教学环境可分为内环境和外环境两种。所谓内环境是指对体育教学主体产生直接作用的环境因素，如教学内容（教材）、教师与学生、场地与器材等，这些因素都是制约体育教学发展的内在因素。所谓外环境是指对体育教学主体产生间接影响的各种因素，这些因素是体育教学发展的外部条件。外环境涉及的范围相当广泛，如地理自然条件、天气气候、社会体育氛围等都属于外环境。外环境对内环境有一定的影响作用，反之，内环境对外环境也有一定的影响作用。

2. 宏观体育教学环境、中观体育教学环境和微观体育教学环境

按照体育教学空间范围的大小可分为宏观体育教学环境、中观体育教学环境和微观体育教学环境。

宏观体育教学环境是指在体育教学活动操作过程中主、客体所处范围空间对体育教学活动产生影响的环境因素。这里所讲的体育教学活动范围空间可以是整个国家、省、地区或学校教育所在地等。一般情况下宏观体育教学环境多指全国的体育教学环境或整个社会体育教学环境。

所谓中观体育教学环境是指在体育教学运作过程中主、客体所处范围相对较大的空间内对体育教学产生影响的各种环境因素。它较宏观教学环境的空间范围要小，但比微观体育教学环境的空间分布要大。一般情况下，中观体育教学环境多指某一个教学单位内的体育教学环境。

所谓微观体育教学环境是指体育教学过程中主、客体范围相对较小的空间内对体育教学产生影响的各种因素的总和。微观体育教学环境是相对于宏观、中观体育教学环境而言的。在这里，微观体育教学环境多指班级课堂的体育教学环境。

3. 显性体育教学环境和隐性体育教学环境

按照表现方式，可将体育教学环境分为显性体育教学环境与隐性体育教学环境两种。

所谓显性体育教学环境，主要是以物质形态呈现的环境要素，是指看得见、摸得着的，如在体育教学过程中出现的场地、器材、设备、运动项目、自然和社会中用于教学的实物等。

所谓隐性体育环境主要是指精神和意识层面的、看不见也摸不着的环境。虽然它隐含在体育教学过程中，但是会对体育教学产生重要影响，甚至有时还直接影响体育教学的效果。如师生之间的关系、班级学习氛围、校园体育文化气氛等，都对体育教学产生着潜移默化的影响。

4. 自然环境和社会环境

按存在形态可以将体育教学环境分为自然环境与社会环境两种。

体育教学自然环境是指与教学主体相互联系、相互制约、相互作用的一切自然条件，如高山、河流、草地、树木、阳光、空气等。这里所讲的自然环境并不是广阔无垠的自然界，而仅仅指与体育教学产生相关性的自然环境。如上面讲的高山、河流等都可以对体育教学的内容、范围和效果产生直接影响。

所谓社会环境是指与体育教学主体相互联系、相互制约、相互作用的一切社会条件、社会现象、经济条件和人文条件。如体育教学过程中要遵循的政策法规以及对体育教学过程产生影响的社会体育氛围等。

5. 硬环境和软环境

按性质划分，可将体育教学环境分为硬环境与软环境两种。

所谓硬环境又称物质环境，是指对体育教学过程发展产生影响的物质要素的总和。它包括三大要素：①体育实物性要素，如体育场馆、体育设施、体育器材等；②体育组织性要素，如班级、俱乐部、兴趣小组、体育社团等；③体育可物化要素，如体育教学经费等。

所谓软环境，是指对体育教学过程发展产生影响的精神要素的综合，包括人文环境、制度环境、政策环境等。它同样包括三大部分：①制度文化要素，如体育教学要遵循的基本文件（以前的教学大纲，现在的新课标）；②思想观念要素，如教师的专业素养、学生对体育的价值认识等；③心理要素，如师生关系、人际交往方式等。

综上所述，根据分类标准的不同，可以将体育教学环境分为以上几种。这些分类中，种类与种类间并没有明显的界线。某一种分类内容可能包含另一种分类内容。这些内容对体育教学环境的分类整理以及体育教学的科学化、系统化具有重要意义。

（四）体育教学环境管理

体育教学环境绝大多数是人工环境。涉及人工环境必然会牵涉到人工投入与产出之间的问题。那么，如何达到投入与产出最优化，这就要涉及体育教学环境的管理。

1. 体育教学环境管理的本质

管理是一个包括内容很广的概念。从广泛意义上来说，管理是人们为达到组织体预期的目的而有计划、有组织进行的社会活动。应当看到，管理概念的表述要能概括地揭示管理的本质及其内外联系的主要内容。所谓管理，就是在一定的环境下，为实现组织的目标，对组织所能支配的资源进行有效的计划、组织、领导和控制的社会活动过程。

根据管理的含义，体育教学环境管理是指教学单位为最大限度地发挥体育教学环境的效应，充分挖掘体育教学环境的潜能，实现体育教学目标，而对体育教学环境进行计划、组织、指挥、控制、协调等一系列活动的总称。

2. 体育教学环境管理的特征表现

体育教学环境管理具有以下几个方面的特征：

（1）体育教学环境管理的双重性。所谓体育教学环境管理的双重性，是指体育教学环境管理的自然属性和社会属性。这种双重性是从一般管理的特点引申出来的。体育教学环境管理的自然属性是指它具有严格的科学性，要求体育教学环境管理过程中必须严格遵循体育教学环境作用的客观规律。鉴于体育教学管理客体的多质性，它还必须借鉴其他学科的管理理论、方法与经验。体育教学环境管理的社会属性，首先指的是它与社会制度、社会经济、社会文化科学技术等方面紧密联系，具有一定的社会属性；其次，体育教学是一种特殊的人类教学活动，这种教学活动的存在与发展跟社会的发展是紧密相连的。

（2）体育教学环境管理的多质性。体育教学环境管理的多质性是指管理对象的多质性。这是由于以下原因：首先，构成体育教学环境的因素有很多，而这些因素当中，各因素间性质各不相同；其次，体育教学环境管理属于多层异质管理，体育教学环境管理的主体和客体都不是唯一的，体育教学环境管理的主、客体之间的关系和管理的任务及方法是各不相同的。

（3）体育教学环境管理的综合性。体育教学环境本身就包含了多种要素,从而使得体育教学环境管理就是一个包含多种管理要素,而各要素之间相互制约的多结构、多层次的复杂过程。这就决定了体育教学环境管理在理论形态上既属于体育教学论,也属于管理学范畴。现代兴起的控制论、信息论以及系统论等观点,对体育教学环境管理具有重要的指导意义。

3.体育教学环境管理的职能

一般来说,体育教学环境管理的职能具体有计划、组织、指挥、控制与协调五大职能。

(1)计划职能。计划是指工作或行动之前预先拟定的具体内容和步骤。计划职能就是通过周密地调查研究来预测未来,确立目标和方针,制订和选择行动方案,综合平衡,做出决策。计划的内容反映出管理目标的各项指标,又规定着实现目标的方法、手段和途径。计划的主体是人,是人完成任务、进行各项活动的依据。

在体育教学中如何实现体育教学环境管理的计划职能,主要表现在三个方面。其一,从宏观上,教师根据教学单位、职能部门的相关政策、法规以及整体发展步骤,确立一个切实合理的目标,然后根据目标相互协调、配合,把近期目标与长期目标结合起来。其二,根据系统目标,处理好整体发展与局部改造之间的关系,在整体上实现横向与纵向的统筹兼顾。其三,微观上,教师根据教学目标的具体要求,预先合理利用环境为体育教学所用,并且要做到对体育教学环境的管理与利用切实可行。

(2)组织职能。组织职能就是把管理要素按教学目标的要求结合成一个整体,使之为体育教学服务。体育教学环境管理中的组织职能的实现依赖于两个方面:其一,在宏观上,根据管理目标,合理设置机构,建立管理体制,确定各个管理职能的具体职责,合理选择和配备管理人员，从宏观上建立一个系统有效的管理体系；其二，在体育教学目标的统领下，根据每个时期体育教学目标的要求，合理组织人力、物力、财力，保证整个体育教学环境为体育教学服务，以获得最佳的体育教学效果。

（3）指挥职能。指挥就是法令调度的意思。指挥职能就是运用体育教学环境的功能，发挥其有效功能，按照教学目标的要求，把各方面的任务统领起来，形成体育教学的有效整体。体育教学环境是根据教学目标而设置运用的各种因素的结合。这种结合不是随意的结合，也不是杂乱无章的结合，而是根据教学目标而设置的，也就是说它要为教学目标服务，反之，它又对体育教学有指挥、调控的职能。体育教学不能脱离体育教学环境，而应根据体育教学环境，为体育教学目标服务。

（4）控制职能。体育教学环境管理中的控制职能指的是，针对体育教学情况进行监督和检查，及时发现问题，采取干预措施，纠正偏差，以保证体育教学目标的顺利实现。体育教学目标依赖于体育教学环境，而体育实现体育教学目标的环境在整个体育教学环境中是有限的，一旦超出了体育教学环境，体育教学目标将扩大、延伸，这种扩大、延伸的体育教学目标与预先制定的体育教学目标是相悖的。所以，要根据体育教学环境的本身功能，为体育教学目标服务。一旦发现问题，就要及时采取有效措施进行纠正。

（5）协调职能。体育教学环境管理还有协调职能。这种职能是体育教学环境管理过程中，带有综合性和整体性的一种职能。其目的在于保持体育教学环境本身所具备的功能与优势，以确保体育教学目标的实现。体育教学环境的管理是一个系统的工程，其中要涉及许多相关职能部门，各部门相互协调好各种纵横关系，才能创造出合理、优化的体育教学环境。

体育教学环境管理中的协调职能还指在具体的体育教学目标实现中,体育教学环境是实现体育教学目标的依托,它是体育教学目标实现不可或缺的因素,但是在实现体育教学目标的过程中,体育教学环境管理只是协同教学、协调学生共同来实现具体的体育教学目标。

二、体育教学环境的设计优化

体育教学的空间和取得的效果都会受到体育教学环境的影响。因此,在体育教学论中,怎样让体育教学的环境因素在最大程度上帮助体育教学是一个非常值得研究的课题。

(一)体育教学和自然环境的关系

1.自然环境对体育教学产生的影响

空气、阳光、高山、海洋、树木、花朵、雨雪等都属于自然环境,体育教学活动也会受到这些因素带来的影响。例如,人的哮喘、咽炎和急性支气管炎等疾病就是因为鼻、咽喉结膜和眼结膜在灰尘、有机气体、烟雾等物质的刺激下产生。此外,二氧化碳在人体安静时的产量是每小时20多公升,但在运动过程中就会增加;分解物会在汗液中出现,消化道排出的一些气体也会对室内的空气造成污染,如上课时学生人数多,不可避免地会产生一些灰尘等。因此,室内教学要保证空气的流通。如果运动所处的环境非常炎热而且空气流通不畅,就会出现疲劳感加重、心率加快、呼吸加快和耐力差等现象,从而失去学习兴趣,对体育教学产生负面影响。

在体育教学过程中,学生的心理因素和生理因素会根据自然环境的气压、气温等变化而发生改变。上午十点或是下午一般是体育课的教学时间，但如果学生所处的运动环境温度较高，紫外线照射强烈，就会在一定程度上影响学生的体育学习。这时学生的表现就可以反馈出相应信息，例如学生会出现心跳加快、注意力无法集中、口干舌燥、疲劳等现象，当身体无法调节过热的体温时就会出现热痉挛、中暑等现象。与炎热相反，如果体育教学的环境非常寒冷，也会受到影响。例如，厚重的衣服虽然利于保暖，却不利于体育锻炼，关节韧带因寒冷而略显僵硬，导致缺乏弹性和延展性，从而易出现受伤和疲劳的现象，使运动能力下降。此外，人体在不同的气压下也会产生不同的现象。例如，当气压高时，心脏会在运动中产生压力，从而降低机体的活动；心脏、血管和肌肉的负担则会在气压低时不断增大。如果运动的环境非常恶劣，如大风天和扬沙天，则会引起咳嗽和咽喉肿痛等呼吸道问题。此外，室外体育教学也会受到南方梅雨季节的影响。

如果学生在以上环境中进行运动，就会出现失去判断力、注意力不集中、容易疲劳、失去学习兴趣等状况，从而对体育教学产生影响。

2.积极改善自然环境，使之为体育教学所用

通常情况下，自然环境会因为地区不同而产生差异性，学校所处的自然环境不同，优势和特点也不相同，学校可将这些优势的作用发挥到最大，以弥补当前自然环境中的缺陷，从而改变体育教学环境。只要不断发掘每个学校所处的不同自然环境，就可以很快地找出其中的优势。例如，北方冬季冰雪量大，学习就可以多设冰上或雪上运动；山区学校没有较大的平地面积，就可使运动场地多样化，可以越野和登山运动为主；学校靠近海边或湖边就可以增加水上运动。

要致力于改善体育教学的自然环境，增加室内场馆和风雨操

场，尽量减少体育教学在高温和风雨下产生的影响。同时要注意保护体育场地所处的环境，尽可能多地栽种树木和铺设草地，这些绿色植物在改善体育场地空气质量、吸收有害物质的同时，还可以遮挡住炙热的阳光，在一定程度上减少噪声污染等，当教师和学生处在这样的自然环境中，会心生愉悦，感到心旷神怡。

体育教学所选的内容和方法并不是一成不变的，教师可依照不同的自然环境灵活地挑选。例如在寒冷的冬季，教师可相应地降低难度，灵活选择运动方式。要始终坚持以学生为中心，不追求在极致环境中进行体育锻炼，让学生从心里爱上体育锻炼，并始终在学习过程中保持愉悦的心情。

（二）体育教学场地设施环境的优化

体育教学活动要依靠相关的设施才能更好地展开，体育教学环境中也包含体育教学设施这一因素。教师、体育场馆、运动器材和操场等都属于体育教学设施，这些设施都在一定程度上影响着体育教学。而教学环境中也必须包括这些体育教学设施，体育教学活动选择的内容和达到的水平会都受到教学设施的影响，教师和学生也会对教学设施的外观和特征产生不同的感觉。例如体育场馆的灯光、造型、颜色和布置等，都会在一定程度上影响着教学的质量和成果。

1.合理布置体育场地

体育教学设施的合理配置既会促进学生身体和心理的发展，也有利于教学，会对体育教学产生推动作用，让学生从生理和心理上易于接受，从而提高学生锻炼的兴趣，增强体质，让学生逐渐向终身体育锻炼靠拢。例如，场地器材的陈设是学生在体育课上最先看到的，如果场地整洁干净、设备齐全、环境优美有序、场地线条清楚不杂乱,那么就会让学生迫不及待地想要尝试,从而提升学生学习的积极性;如果场地杂乱无章、体育设备缺乏,就会让学生从心理上产生抗拒,失去锻炼的兴趣。再比如,在游泳课上,当初学者看到救护和辅助器材比较完善时就会从心理上减少恐惧感,从而可以很快地投入到游泳学习中,不仅如此,还可以加强对学生的保护。当女生上排球课时,传垫球练习往往会带来疼痛,严重者还会扭伤指腕关节,或造成前臂皮下出现肿胀和淤血的现象,这些伤痛会从心理上让女生畏惧,但要是可以很好地控制排球软硬度,或者不再使用传统排球,而是使用弱气或软式排球,就可以在一定程度上减少女生的恐惧感。而将排球网的高度降低,让学生体验到扣球成果的快感,不仅可以让学生更加积极地投入到排球扣球技术的学习中,还可以增加学生的信心,让学生有更加浓厚的练习兴趣。

体育器材在长时间的使用之后会有不同程度的老化或磨损,还会有螺丝松动等情况出现,这些都是潜在的安全隐患。此外,部分运动场地由于不注重维护,因此出现地面不平整的现象,学生在运动过程中很容易出现肌肉韧带拉伤等情况。所以,学校要优化和完善场地和器材,对各种设备进行定期检查和保养,教师也应在课前认真检查相关的体育器材,做到有备无患,并保证学生的安全。

2. 完善体育场地照明、采光和声音等条件

不仅要充分完善场地条件,还要考虑到采光、照明和声音等场地设施条件。室内场馆在很多时候是体育课的主场地,理论课程基本都是选择在室内,因此体育教学活动也会受到教室内部和场馆内部采光等因素的影响。如果光线昏暗,学生无法看清黑板上的板书和书上的文字,会直接影响到知识的学习,也会对排球、

乒乓球等一些球类运动的路线识别不清；如果光线过于强烈，就会造成球台出现反光现象，在视觉上产生强烈刺激，从而无法达到应有的教学效果。此外，安静的环境更有利于体育教学活动的展开，让学生集中注意力，所以，学校应该尽最大努力来让体育教学环境变得更好，让教学尽可能地不受噪声干扰。

  3. 积极营造体育场地设施的色调环境

在体育教学活动中，环境中的不同色调也会产生不同的影响。通常情况下，心理和情感都会受到各种色彩的影响，大脑看见红色和深黄色时容易感到兴奋，而人们看见浅绿色和浅蓝色时感到和谐，大脑放松。相比于冷色，暖色在体育教学活动中更容易让运动者感到兴奋。例如双杠运动，掉漆或铁本色的双杠明显没有浅色漆或木纹漆的双杠受欢迎。体育设施的颜色与学生衣服的颜色也会在一定程度上影响教学效果，凝聚力和集体主义更容易出现在着装相同的班级中。

（三）体育教学人文环境的优化

在体育教学中，很多因素都属于人文环境，因为人文环境的构成包括体育教学过程中人的方方面面。但下面要着重讨论体育教学人文环境其中的两个方面：一是体育教学组织环境，二是体育教学心理环境。

  1. 体育教学组织环境

（1）组织环境的构成。此处组织环境指教风、校风、学风、班风等，其对体育教学活动有着重要的指导意义。具体来说，就是将学校看作一个完整的社会组织群体，学校内部的系部和班级等都是次级群体，学校就是由这些不同的组织构成，这里的任何一个群体都可以将自己独特的心理活动和思想面貌在多种多样的活动中展现出来。

构成体育组织环境的其中一个要素就是班级规模，其不仅会对学生的体育情感和学习动机产生影响，还会对学生学业成绩和体育教学活动产生影响。人们在很长时间以来都建议学校进行小规模班级教学，因为人们对国家教育水平的判断就是通过学生和教师在班级中的比重而来，教育水平高代表着师生比低，当前很多欧美国家都在降低师生比。

在体育教学组织环境中，队形的编排显得尤为重要。课堂师生活动在很多地方都受其影响，例如师生在体育教学过程中所采取的信息交流方式和涉及的教学内容都会受到队形编排方式的影响。

校风是一种有代表性的思想行为作风，全校师生都需熟知并牢记，它主要作用于心理上，所起到的激励作用也是内在的、隐性的。校风就是学校内部产生的一种社会风气，它属于一种集体性行为，由学校中的学生集体、教师集体和其他集体共同发挥作用形成。校风属于环境因素，但不是有形的，可以在不知不觉间对体育教学活动产生一定影响。

成员在班级内部经过长时间的交往所产生的相同心理倾向就是班风。班风是情感的共鸣，在其形成之后，成员会以班级目标为己任，将自己的目标与班级目标相统一，并为之努力，让学生可以在这种良好的氛围中展开合作与交流，在价值观念上达到统一的同时，也会培养出正确的社会态度，进而有利于开展各种学习活动。校风是班风的基础，勤奋刻苦、热爱劳动、热爱班级、尊师爱友、遵守纪律、团结同学和讲究卫生等都是良好的班风。

学校的体育教风既可以影响学生的体育能力，也可以影响学生的体育意识。感化、陶冶、促进、暗示和启发这些特别的育人机制都可以让教风在不知不觉中促进学生在体育意识和能力方面的进步。

集体舆论可在积极乐观的学风下向着更好的方面发展，学生的情感、行为和认识也会受到鼓励、陶冶和感染，但集体中的成员也会在不健康的风气下精神散漫，学生失去对体育学习的积极性，使教学失去应有的效果，对课后锻炼产生懒惰心理，不会主动参与学校组织的任何活动。

（2）体育组织环境的创设。学生成绩与班级规模有着直接联系。一般来说，成绩与班级规模成反比，学业成绩低就说明班级规模大，学业成绩高则说明班级规模小。此外，学生的创造力、学习兴趣和动机也与班级规模有着直接联系。所以，要增加学习效益，就要合理缩减班级规模。

灵活编排组合队形模式。在课堂活动中，教师和学生会受到队列编排的多角度影响，以信息交流为例，在体育教学中，队形的编排不仅会对信息交流的范围产生影响，还会对交流的方式产生影响。室外课基本采用横排队形，教师直接面对学生，此种单向信息传递模式有利于教师将信息传递给学生。双向信息传递模式是单向信息传递模式的进阶版，虽然让信息在师生之间得到良好的传递，但是却让信息在学生和学生之间的交流受到阻碍，不利于学生的交往。心理学研究证实，当前的学生身心成熟速度随着社会环境的改变明显快于以前，学生的学习成绩与他们之间的信息交流有着直接联系，这种联系会随着学生不断增长的年龄而越来越密切，有时连教师都无法超越。教师要根据这种情况找到学生的特点，并根据信息交流需求来改变课堂队形，充分利用不同队形的优点，让信息交流更加便利。例如可以将"U"形队形用于错误动作的纠正中，让课堂信息在多个方向中传递，扩大信息的传递范围，让交流模式从单向变多向，提高信息的传递率。

形成和谐良好的体育校风、班风、学风、教风。如果一个学校集体的气氛是和谐而相互支持的,其校风就是积极的、催人向上的,对学校成员的发展也将是积极的,能促进勤勉、奋发向上的风气的形成,从而激励师生增强自己行为的自觉性,不断奋发向上,使集体的行为方式相沿成风。良好的体育校风可以促进体育教学思想的形成,即促进体育意识的培养、体育能力的掌握、锻炼习性的养成。

2.体育教学心理环境

体育教学的成功与否,除了与学生的身体素质、体质、技能基础、教师水平、家庭背景等客观因素有关外,还有一个重要的因素就是心理环境。下面从校园体育文化、课堂气氛、人际关系等方面来阐述心理环境对体育教学的影响。

(1)校园体育文化。校园体育文化是一个开放性系统,同时会受到社会文化和体育文化的影响。竞技体育的进步,例如在国际大赛中取得优异成绩,会强烈刺激校园体育文化,同时也促进了体育教学活动。群众体育的发展,诸如全民健身计划在全国的实施也有利于营造良好的体育教学氛围。另外,学校的教育方针是否真正体现德、智、体全面发展,这对校园文化的影响甚大,学校应该树立整体或全方位的体育教学思想,将体育教育的视野扩展到学生的校园体育文化中去,营造出良好的校园体育文化。

(2)课堂气氛。其又称课堂心理气氛,主要指学生在课堂上所表现出来的情绪、情感状态。它是班级中师生、学生之间互动而产生的。一旦形成这种情绪、情感状态,便能成为一种压力,从而影响学生的态度、行为及学习效果。它虽然不是体育教学活动的组成部分,但是却对体育教学活动的开展起着维持、定向的作用。课堂气氛所涉及的因素是多样的,既有人的因素(教师与学生)、物的因素(教室环境),又有心理因素(情景)等,可以说,课堂气氛是上述各因素综合的结果,因此,创设良好的课堂气氛需要教师与学生的共同努力。

(3)人际关系。在体育教学工作中,不同学生之间的人际关系也会对其产生影响。人们在以前总是认为学生之间的关系并不复杂,从而忽略了其对体育教学所起的作用。事实上,学生的家庭环境各不相同,自身的知识水平和兴趣爱好也存在差异,这些都使得学生间的人际关系也具有复杂性。

教师和学生在教学和日常交往中会不断地交流和认识,为彼此带来影响,就会形成师生间的人际关系。

体育教学中师生关系对学生的影响是多方面的:影响学生对教师课程项目的兴趣,影响学生的学习情绪、学习效率以及锻炼效果,影响学生思想品德的发展。因此,作为体育教师在平时既要注意自身的思想品德和工作作风的修养,又要努力提高业务素质,争取为体育教学创造一个良好的人际环境。

第三节 高校体育教学内容、方法与手段的优化

一、大学体育教学内容的挖掘

(一)体育教学内容挖掘的目标

1. 满足学生的体育需要

作为体育教学中的重要目标之一,全面提高学生的身心发展,

也是进行体育教学内容挖掘的重要目标。为了保证学生能够接受所挖掘出来的体育教学内容，无论挖掘哪个类别的体育教学资源，都必须以满足学生的体育需要为前提。同时，由于现有的体育课程并不能弥补学生在体育方面欠缺的知识内容，所以，在充分考虑体育教学内容资源挖掘成本的基础上，也要在挖掘体育教学内容资源的范围上突出重点，对于有利于学生体育长远发展的教学资源应该优先发展。

学生能否积极主动地参与体育教学资源的挖掘过程，并主动去探索其中的体育知识，对体育教学工作来说，具有非常重要的意义。体育教师要最大可能地利用好所有有利于挖掘体育教学资源的各类因素，通过提供给学生丰富多彩的体育教学资源，来培养学生独立学习的习惯，并且，在探索问题、分析问题、解决问题以及合作学习等方面的学习能力也可以得到全方位提高。只有学生自觉地从体育学习实践出发，创造性地去使用各类体育教学资源，体育教学内容挖掘工作才能更有效地服务体育教育事业。

2. 提升体育教师认知能力

在体育教学内容资源方面，提高体育教师的认知能力，是进行体育教学内容挖掘的另一个重要目的。体育教学工作不仅要深入认识和理解新的体育教学内容资源，还要时刻保持挖掘体育教学内容资源的主动性和积极性，因为其将直接影响到体育教学内容资源的挖掘质量及产出效果。所以，提高体育教师在体育教学资源方面的认知能力，不断深化体育教师对体育教学资源各方面的认识，成为进行体育教学内容挖掘的重要任务。

3. 丰富体育教学的内容体系

体育教学大纲和体育教材，在一定程度上制约着传统体育教学内容体系的发展，而新兴的体育运动项目的教学经验等与现有的体育教学内容又难以完成对接，因此，为了充实现有的体育教学内容体系，并从根本上改变以上体育教学局面，需要持续挖掘体育教学资源。

目前，社会丰富多样的体育教学内容资源，已经给体育教学内容资源的挖掘工作提供了良好的基础条件，只要能够调动起体育学科的专家、大中小学体育教师和学生等多个主体的积极性，就可以将趣味性和适应性较强的新鲜体育教学内容资源，开发成新的体育教学内容。同时，通过国家、地方和学校等多层次、多角度、全方位的挖掘与开发，新的体育教学内容资源也可以更好地拓展原有的体育教学内容，进而形成具有中国特色的体育教学内容体系。只要学校体育教学内容的覆盖面足够宽广，学生就可以拥有更加丰富的学习和发展空间，素质教育的实施效果和体育课程的教学质量也将会得到有效提高。

4.形成与学校情况相符的体育教学特色

从根本上看，不同学校的办学理念和办学条件也不尽相同，甚至由于学校性质不同，学生的发展基础也可能存在较大差异，所以，为了丰富学校所具有的体育教学内容资源，并缩小不同个体在具体结构和数量等方面的差距，就不得不提高体育教学内容在本学校体育教学中的适应性。在对体育教学内容资源进行挖掘的过程中，更应该形成与本校实际情况相符合的体育教学特色。

当开展体育教学内容挖掘工作时，不能采用完全统一的模式。为了保证每一所学校所拥有的体育教学内容资源都能够很好地转化为本校的特色资源，不同性质和不同地域的体育教学内容也应该尽可能地充分保持其丰富性和多样性。只有学校的体育教学内容资源能够体现出学校特色，体育教学内容的挖掘工作才能可持续地发展下去。

（二）体育教学内容挖掘的基本原则

1. 坚持时代性原则

时代性原则，是体育教学内容资源挖掘方面应该遵循的重要原则。这主要出于两方面原因：第一，通过体育教学内容资源的挖掘工作，充分满足现代社会发展的具体需求；第二，体育教学内容资源的挖掘内容，应该体现出自身的鲜明时代特征。

在现代化社会中，人们的生活方式以及社会的生产模式，都无时无刻不在发生着变化。其实，人们享受发展成果的同时也在承受着一定风险，尤其表现在身体健康方面。所以，对体育教学内容资源进行挖掘时，首先要考虑到能否满足人们的健康需要，具有较强实用性和较高身体锻炼价值的体育教学内容资源，应该成为主要挖掘对象，以体现体育教学内容资源挖掘的时代特征。

2. 坚持针对性原则

根据不同的体育教学目标，以及体育教师、学生、学校之间存在的性质、特点和实际情况的差别，体育教学内容资源挖掘应该呈现出一定的针对性。

为了实现体育教学目标，在挖掘体育教学内容资源之前，要充分地比较和分析各个挖掘对象，只有适应性较强的体育教学内容，才可能成为有效的挖掘目标。因为，这样挖掘出来的体育教学内容资源，更加符合体育教学目标的具体要求。

3. 坚持开发与利用相结合原则

在挖掘体育教学内容资源的过程中，要从实际情况出发，并且将已挖掘和开发的体育教学内容资源，充分地渗入到体育课堂教学之中，使其发挥出应有的作用。不能单纯地为了完成开发任务，而忽视体育教学内容资源的教学效益。这就要求体育教学内容资源挖掘工作必须遵循开发与利用相结合的原则。

无论是追求体育教学内容资源的开发数量还是开发质量，都要求挖掘过程必须重视其最终的开发与利用有效率。在积极开发各种体育教学资源的同时，要善于分析和识别即将挖掘的体育教学内容资源，并及时发现现有体育教学内容资源中存在的问题，以便于正确处理使用价值较低的体育教学内容，保证所挖掘的体育教学内容资源能有效地服务于体育教学工作。

（三）体育教学内容发生的变化

通过对我国体育教学内容的整体发展历程的研究可以看出，其发生的变化主要体现在以下方面：

（1）随着竞技体育的快速发展，现代竞技体育运动的培养已经得到充分重视，即使是在传统的体育教学当中，竞技体育运动也开始慢慢地取代原有的体育教学内容。

（2）目前，虽然体育教学内容的数量正在下降，但是其难度却在逐渐加大。当遇到技术性较强的教学内容时，就会请接受过专业训练的体育教师亲自来教授。

（3）为了保证体育运动教学方面的安全性，体育教学变得越来越正规化，场地和器材的质量也更加符合体育教学的要求。

（4）在体育课堂上，根据学生的实际情况，增加更多"练"的因素，同时减少体育教学中原有的娱乐性内容。

二、体育教学方法的选择和优化

（一）体育教学方法的科学优化

体育教学水平的提升需要依靠教学课程以及教学方法的不断

创新和优化，体育教师作为体育教学的主要组成部分起到了至关重要的作用，如何积极有效地对教学方法进行科学优化就成为当前阶段提升教学质量的主要课题。

体育教学方法的科学优化需要从以下几方面入手：

（1）教学目标的重要作用。教学目标是影响体育教学实际效果的先决因素，不同的课时目标以及阶段目标对于体育教学的发展方向有着深刻指导意义，而体育教学方法的科学选取也要依靠着实有效的教学目标来界定。

（2）教材内容的选取。不同的教材内容有着不同的形式和特点，体育教学方法的确认通常需要充分考量教学内容的性质和特点，从而开发出合适的方法。

（3）切实掌握学生的特质和能力。体育教学是为学生服务的，想要制定出利于学生学习和掌握的学习方法，首先要对学生的身体情况作出判断和掌握，并且通过对学生各个方面能力进行综合评估之后选取合适的教学方法才是体育教学的关键因素。

（4）熟悉教师的综合教研能力。体育教师是进行体育教学的中坚力量，体育教学方法的选取要对教师教研实力做一个系统的考量和评估，并且根据教师的专业素质匹配合适的教学方法，才能最大程度地保证教学水平的提升。

（二）体育教学方法的选择要求

（1）要牢记创新教育思想的目的。素质教育系统的建立离不开教学创新，同时课程改革也需要创新元素的加入，教学创新的目的是促进学生综合素质的提升。教学方法的创新改革需要教师和学生共同努力，首先要帮助学生在思想上创建创新意识；其次将创新意识付诸实践，继而通过创新目标来提高学习能力；最后将创新意识完整融合于学习中。教育创新改革不仅对于提高学生的学习兴趣以及创建新型教学模式有着较大意义，而且对我国体育教学的改革工作起着非常关键的作用。

（2）要明确教师角色转变的意图。伴随着新课程体系的改革，教师综合素质的提升也是重中之重，同时还需要对教师角色做出相应改变和调整，要求教师要逐渐适应新的课程体系，并且扮演多种教学角色。新课程下的教师体系相较于传统体系而言存在着四个较为显著的变化。首先，教师角色由传道者演变为学生的合作者；其次，传统教学中教师主要起到教学指导作用，而新体系下教师要成为鼓励学生创新学习的先行者；再次，教师对于课程改革的参与程度正在不断加强和拓展；最后，教师越来越关注学生的自我学习，并且和学生共同成长和进步。

（3）要提升教学技能的艺术品位。教学模式的创新发展离不开传统教学技术中的优势因素，教学发展依然离不开改革创新，教学技能创新是教学理念不断发展的基础。当前我国教育现状对于如何将传统教学方法中的精华与现代化的教学技术相结合依然是主要调研方向。教学技能改革的核心思想是提升技能水平，保证体育教学技能的艺术性，这也是未来现代教学研究的主要方向。

（4）要设计贴近生活的教学内容。学生在步入社会之前要具备一定的社会适应能力，具备一定的社会生存基础，而体育活动恰恰能够帮助学生提高社会适应能力，学生在参与体育学习中要以此来制定相对有效的学习方法，诸如生活中随处可用到的跑、跳、投等。除此之外，学习体育运动的目的不仅仅是为了锻炼身体，更为重要的是能够增强学生的自我保护意识，并且能够对抗来自外来的伤害。据此，在对学生进行体育教学时，应当有重点地介绍体育对招的要点，帮助学生理解和掌握，并且有效帮助学生建立攻防意识和预防思维。

（5）要搭建展示学生自我的平台。为了能够让学生更好更快地融入体育教学中，教育部门和教师一定要注重搭建学生展示自我的平台，平台的搭建可以多方面展示学生在体育方面的优势和能力，不仅有助于提高学生的主观意识，而且还能够帮助学生建立良好的自信心和成就感。通过平台的成功展示，学生的斗志被激发，同时还能形成不断向上的动力和学习力，对于体育教学工作的展开很有必要。

（二）体育教学方法的选择原则

（1）注重体育教学的整体性。任何体育教学方法有着自己独特的特点和功能，相对应的也有其弊端，此处所指的弊端主要是针对各种体育教学方法的局限性而言，所以据此要求教师应当站在整体的角度来审视各种体育教学方法的实际应用，才能保证整体教学体系的有序展开。

（2）注重体育教学的启发性。教学方法的实际应用对象是学生，所以帮助学生建立主观意识很重要，为此，教师应当在体育教学中积极营造学生的自学氛围，激发学生的主观能动性，帮助学生建立主体地位，同时有侧重地培养学生的创新意识，学生只有建立浓厚的学习兴趣才能使体育教育顺利展开。

（3）注重体育教学的灵活性。体育教学体系中除了理论教学之外更多的则是动态教学，旨在培养学生的运动能力，所以教师在制定教学方法时应当对教学目标和教学的实际内容进行灵活掌握，并且采用创造性思维进行补充和延续。

（四）体育教学方法的优化创新

1. 自主学习法

主动学习法也称自主学习法，在教学工作展开的过程中，该学习方法旨在帮助学生建立主观学习意识，并且由此来制定相对应的学习目标和学习内容。

（1）进行自主学习的原因在于：首先，自主学习方法能够帮助学生建立主体地位，使学生能够享受学习带来的快乐；其次，能够帮助学生建立良好的学习习惯和学习方法；最后，能够最大程度地保证学习效果的提升。

（2）自主学习的特点包括：首先，自主学习能够表现出最大的独立性，因为该方法是根据学生不同的学习能力而制定的，这种因地制宜的学习方法是相对于不同学生而独立存在的；其次，自主学习表现出学生的主观能动性，同时还体现在学生的自律以及自我学习，学生学习的内容较之传统教学而言则丰富了很多；最后，自主学习展现了学生的无限创造力和模仿力，学生在自主学习中因为有着浓厚的学习兴趣以至于能够运用独特的思维和见识来面对体育学习，并且能够找到最适合自己的学习方法。

（3）自主学习的教学步骤如下：首先，需要为自主学习方法制定较为明确的学习目标，该目标的制定是完全依据学生的自我情况以及能力爱好而展开，并且学生可以自己制定满足自身需求的学习目标；其次，自主学习需要学生进行自我评价和自我引导，学生根据制定的学习目标来审视自己的学习过程，以便从中找到不足并积极改正；最后，需要学生进行有效的自我调控，根据一段时间的自我学习，学生要根据学习成果来进行调整和补充，通过改变学习方法和学习目标的手段来增强自己的学习能力。

2.探究式学习法

探究式的学习方法主要是指教师建立互动学习的平台，通过与学生的不断沟通和探究来解决学习问题，对此教师可以自己设定教学情境，让学生在情境中通过学习和思考来找到问题的核心和解决办法，最终通过教师的总结和学生的自述来完成教学内容的学习和掌握，探究式学习方法能够更大程度地激发学生的学习兴趣，并且能够帮助学生创建创新思维意识。

（1）探究学习有哪些特点呢？首先，探究学习过程中强调学生的积极参与，通过情境的描述和再现来引导学生从中发现和探索；其次，探究学习法是带着问题而进行的，通常伴随着教学情境再现的还有相关问题存在，这些问题的产生能够调动学生的学习积极性；再次，探究学习有着较为开放的学习氛围，往往没有统一的答案来针对同一问题和学习内容，有助于提高学生采用发散性思维思考问题的能力；最后，探究学习方法特别注重教学内容的实践，往往通过积极的实践来对问题进行探究和理解，以便最终掌握该学习内容。

（2）探究学习法需要注意什么呢？首先，对于探究学习法中的问题设置需要慎重考虑，不宜过于困难，太过于困难可能会降低学生的学习积极性，反之亦不能太过简单，太过于简单则会降低学生的学习兴趣，所以要根据学生的实际情况来进行问题的设定；其次，探究学习目的是要让学生积极参与到学习内容中，所以要鼓励学生积极参与，并且鼓励学生进行大胆创新和思维发散，对于学生在学习过程中所犯的错误应当理解和关心，给予积极帮助，不要打击学生的学习积极性；再次，要努力构建学习兴趣小组，利用小团体的集体智慧来独立解决学习过程中出现的问题，这样能够提升学生的学习成就感；最后，探究学习法要充分考虑各种体育运动的特点和注意事项，在保证安全的前提下帮助学生理解和掌握。

（3）探究性学习方法的教学步骤：①提出问题。体育教师应根据学生已经学习与掌握的知识理论，结合所学的具体内容为学生提出具有多种可能性的问题。②分组讨论，提出若干假设与方案。在体育教师提出问题后，将学生分成若干个学习小组各自提出假设与解决问题的方案。③验证方案。各组根据教师的指导与要求将假设与方案运用于体育与健康学习活动的实践中，验证假说与方案。④评价与提高。在小组探究的基础上进一步对解决问题的过程与效果进行评价，激发学生的探索热情，提高学生的创造性思维能力。

三、体育教学手段的优化

体育教学手段主要包括人体内部感官视角手段和人体外部视角手段两种。其中，人体内部感官视角手段包括学生视觉手段、学生听觉手段、学生视听觉综合手段、学生触觉手段，人体外部视角手段主要包括运动场地、器材和设备以及运动辅助用具。

（一）"多媒体"体育教学手段

社会的高速发展推动科技的不断进步，多媒体技术更是受到社会各界的欢迎。种类丰富的教学软件也开始出现在学校教育中，让体育教学的效率更高，过程也更简单和便捷。

就学校教育当前的形势看，语文、数学、英语和化学是使用多媒体教学最多的学科。比较传统的看法是体育课并不会与多媒体教学产生关联。可以说，多媒体教学并不与体育课相匹配。确实，相比于室内，体育课一般都是在室外进行教学，而多媒体教学一般都适用于室内，与体育课的特点并不相符。此外，体育课的操作性大于理论性，属于操作性学科，要进行非常多的身体练习，因此，很多人都不赞同将多媒体教学运用在体育课中。

体育学科具备的特点让多媒体教学无法运用在体育课中。体育课的操作性较强，学生无法只依靠视觉就熟练掌握所学的运动技能。但体育课中始终避免使用多媒体教学也是不可取的，这种做法非常不理智。即使不能将所学的运动技术先由多媒体在教室中播放，再到操场中实际操练，但教师可以通过笔记本电脑按照学生需求在短时间内播放相关视频。因此，体育课的教学过程中也可以根据实际情况使用多媒体教学手段。

节拍器、收录机、播音机和手鼓等传统的教学手段已经被多媒体教学手段所取代，多媒体教学可以为学生同时提供视觉和听觉上的内容，已经得到了体育教学的认可，发展前景广阔。

（二）"学习卡片"教学手段

学生可以通过学习卡片对所学的运动技术有更充分的了解，并可以熟练掌握动作要领。学习卡片是一种带有辅助性质的教学材料，设计主要依据课程教学中的重点和目标。学习卡片与教材并不相同，这种学习材料是临时的，并且可以使用在课堂教学中。虽然学习卡片和挂图都具备直观性，在原理上基本相同，但两者有所不同。学习卡片更加便于携带，方便学生使用，卡片的内容又各有不同，丰富多彩，很容易对学生产生吸引力，但携带学习卡片并不方便运动，很多学生也非常容易忘记放置的地点。因此，学习卡片和挂图都是既有缺点，又有优点，学生可以根据自身不同的需求来选择适合自己的材料。

(三)"场地设备"教学手段

学校对场地设备这些硬件设施通常都有较高的投入,体育教学所开展的各项活动也离不开这些场地设备。但例如跳高和单双杠这些存在较大安全隐患的内容并没有人愿意教授,导致很多器材都摆放在那里而没有人使用,造成教学资源的极大浪费。体育教师应在体育教学或锻炼的过程中充分利用这些器材,让这些教学资源得到合理利用,并发挥出它们最大的价值。

第四节 高校体育校企合作的实践与探索

在传统的高校教育中,教育内容以理论知识为主,然而当学生踏入社会后,更多的是考验学生的动手实践能力,因此高校教育应该改变传统的教育观念,要关注对学生技能方面的培养,将学生的理论知识水平与动手实践能力相结合,培养具有丰富理论知识同时具有较强实践能力的人才,将学生培养成满足社会发展需要、符合社会要求的全能型人才。

一、校企合作的开展目的

校企合作开展的目的是加强学校向企业的人才输送,为企业提供更符合要求、专业性强的人才。在常规的流程中,高校学生毕业后进入企业工作,由于在学校只是接受了系统的理论知识培训,并没有进入企业内部进行具体实践,因此对企业的工作内容和工作要求不熟悉,往往需要接受半年的培训才能正式熟练企业工作，由此造成企业人才的对接效率低，影响企业工作安排。校企合作旨在通过为高校学生提供进企业实践的机会，锻炼学生的工作能力，促使其熟悉企业事务。校企合作旨在为企业培养具有较强专业素养的人才，企业要明确校企合作办学的教学内容，要注意教学内容与传统内容的差别，根据具体需要调整教学内容。除了明确教学内容，还要加强教师团队的建设，建立一支优秀的教师团队，确保教学质量，同时完善办学的体制机制，确立统一的人才培养标准。

二、校企合作的实践对策

（一）扩大教学深度

我国的高校体育校企合作是各地高校与地方企业合作，由高校派遣教师到企业，向企业介绍高校学生的各项情况，企业则派企业内部工作人员到各高校介绍企业内部的情况、发展规划以及对人才的需求，同时企业会为高校学生提供到企业实习的机会。

校企合作既是一种社会服务的形式，同时也囊括企业的人才培养项目，高校和企业都应该发挥好作用，高校要根据企业的人才需求对学生进行专业培训，为企业培养专业型人才；企业则要为高校的人才培养工作提供资金等方面的支持，双方互相合作才能共同发展。

校企合作仅仅依靠高校和企业是远远不够的，要善于利用社会各方面的资源，争取到社会的帮助，高校和企业不能只考虑到自身的发展，而要立足社会本身，紧跟社会发展需求，争取社会各方资源的支持，才能获得更加长远的发展。

（二）创建师资队伍与实训基地

（1）师资队伍建设。教师团队是办学的基础，也是人才培养的重要保障，高校要制定好教师招聘和培训管理的规章制度，明确教师的标准，规定教师的行为管理制度和职业素养培训制度。同时高校应聘请专家对教师队伍进行培训，提高师资队伍的质量，为人才培养提供保障。

（2）创建实训基地。校企合作办学离不开实训基地的建设，创建实训基地是培养人才的重要保证，实训基地的建设既要基于各地高校的具体情况，又要考虑企业的发展需要，确保内容设计、基础设施建设等能满足人才培养的需要，确保校企合作办学工作正常运行，培养符合企业发展需要的人才。

（三）创建校企合作体制机制

（1）组建委员会。校企合作办学必须由专门的管理部门对办学各环节进行监督，组建委员会，由专门的管理人员制定教学管理制度、教师考核标准、办学培训工作内容等，确保教学工作的有序高效运行。校企合作办学与传统办学存在较大差异，必须由经过特殊培养的专家进行管理监督，才能实现人才培养的目标。

（2）签订合作协议。高校与企业进行办学合作，首先要考虑合作的对象，高校的合作对象必须考虑企业的实力，既可与部分中大型企业合作，也可与几个企业合作达成联盟，增强办学队伍的实力。确定合作对象后，需与企业签订合作协议，在协议中明确办学各环节的事务、双方的责任等，为了增强合作协议的可信度，高校可在政府的见证下与企业签订合作协议。

第三章 高校体育教学设计与效率优化 <<<

（四）创建校企合作运行机制

校企合作运行机制需要由专门的委员会进行管理，委员会的成员需由专家负责人、企业管理人员和教师组成。

校企合作办学必须明确教学事项，包括校企合作的具体内容、工作规划等，合作内容和工作规划确定后，各项工作才能顺利开展，更好地实现专业性人才培养的目标。

校企合作办学的制度也是办学工作开展的重要保证，校企要制定合理的规章制度，明确校企合作各方的责任与义务，政府应参与到校企合作办学中，要发挥好政府的监督作用，充分发挥各方的作用，才能提高教学质量。

随着经济的发展和社会的进步，对人才的要求也发生了变化，高校应顺应时代发展，通过教育改革，改变人才培养的策略，通过与企业合作，加强对人才的专业化培养，弥补传统教学中与企业要求脱轨的缺陷，使高校培养的人才更能满足企业的需要和社会发展的需求，从而有效解决就业难的问题。

校企合作办学是一种新型办学模式，通过高校与企业合作，对人才进行专业化培养，综合社会各方力量，高校可获得更加优质的教育资源，提高教学质量，在与企业的对接过程中也可以有效提高专业型人才培养的效率。

第四章 壁球运动及高校体育教学开设壁球课程可行性

第一节 壁球运动的起源与发展

一、壁球运动的起源

与其他球类运动相比，壁球算是一项比较新的运动。壁球于1920年发源于美国，由网球及室内手击球运动演变而来。网球是一项室外运动，双方用球拍隔网来回击球。而室内手击球则是在由四面墙壁及屋顶地板构成的室内场地，双方轮流用拍将一个小橡皮球击向前墙，必须是球在地板反弹两次之前将球击回，这是一项比谁击球次数多的运动。网球与室内手击球的结合诞生了现代壁球的前身——拍子球。

拍子球的发明者是美国密西根大学的里斯基，他当时是学校的网球运动员。密西根的冬天天气寒冷，冰雪覆盖球场，所以冬天网球运动基本停止，但有的运动员不甘寂寞，带上网球拍到手击球馆中对墙练习，里斯基由此而受到启发。于是他带着当时的

第四章 壁球运动及高校体育教学开设壁球课程可行性

网球拍及网球,到手击球馆中也试试这项"新运动"。他很快就发现当时的网球太重,而且又是白色的,在手击球馆的白色墙壁上很难看到球,他就把网球上的海绵皮去除,光打里面的橡皮球,很多人看见后纷纷效仿。他们发现这项新运动别有一番情趣,也很刺激。

大约在1940年,一种新的球拍问世。这种新球拍中间用羊肠线穿织而成,挥起来又轻又快,于是很快在一部分运动员中时兴起来,但另一部分人则宁愿使用老式全木板拍。于是就出现了两种拍子球比赛。一时间,拍子球迅速发展起来。

1952年,美国拍子球协会成立,里斯基就任第一届主席。在这期间,拍子球的场地、设备及比赛规则都逐步建立起来,但比赛用的拍子却采用老式的全木板拍。1961年,美国举行了第一届全国拍子球联赛。当时的运动员舒百克率先在比赛中使用羊肠线拍,他感觉这种拍子击球速度更快,而且控制球更好。当他在国内巡回比赛时,便把这种拍子展现在全国运动员及观众面前。

1968年,美国第一届全国拍子球锦标赛在米尔瓦基举行。在比赛期间,人们感到有必要成立一个组织以发展这项运动,国际壁球协会应运而生,由美国手击球协会主席堪德勤担任第一届国际壁球协会主席。

1969年,国际壁球协会在圣路易斯举办了首届全美壁球锦标赛,加州圣地亚哥的苗荷雷森夺得冠军,他使用的拍子是独一无二的铝框拍子。1970年圣路易斯的弗兰夺得了第一届女子全国壁球锦标赛冠军。由此开始,男女锦标赛均列入正式比赛。

1978年,对美国所有的运动项目来说都极为重要,因为这一年国会通过美国《业余体育法》。国会这一举动是为了缓和美国业余体育联盟与美国大学体育联合会之间的长期矛盾。这项法律把所有的业余运动都归属于美国奥林匹克委员会的管理之下。

1979年，国际壁球协会正式更名为美国业余壁球协会，并申请变成美国奥委会属下的全国壁球协会。1982年，美国业余壁球协会终于实现了愿望，成为美国奥委会属下的正式壁球管理中心。遗憾的是，该协会尚未成为美国大学体育联合会的一员。美国业余壁球协会自1973年以来，每年举办全国大学生男女壁球锦标赛。美国50个州各自举办州锦标赛，时间在12月至次年3月之间。在每年4月的头一周举行全国壁球锦标赛。

1999年，中国壁球协会正式成立，于2002年正式加入国际壁球组织。2006年壁球项目被列入全国体育大会正式比赛项目，极大地推动了壁球运动在各地的发展。同年，中国壁球协会正式成立了国家男、女壁球队，先后派往中国香港、马来西亚训练，并且在东亚锦标赛上获得好成绩。随着国民经济的发展和人民生活水平的提高，我国认识和接触壁球运动的人越来越多，已具备一定的社会基础。

二、我国壁球运动的发展现状

随着壁球运动的发展，场地设备也在不断地更新换代。场地设计更趋合理，进而吸引更多的观众。球拍从木制的变成碳素合金的，球也设计得更有利于运动员技术的发挥；无气防护镜免去了运动员不少麻烦，他们能在比赛中看得更清楚，不必经常停下来擦干水汽；专用手套、鞋及运动服也都向着适于比赛的方面改进，这些都对壁球的发展起了推动作用。

无论是世界体育大会还是全国体育大会都将壁球设定为争夺金牌的大型体育项目，壁球具有非常强的观赏性，阿根廷在2018年举办的布宜诺斯艾利斯青奥会中正式加入了壁球项目，这是壁球首次出现在奥运会中。

第四章 壁球运动及高校体育教学开设壁球课程可行性

（一）壁球赛事开展及培训现状

1999年，我国在北京成立了中国壁球协会，壁球协会日常的工作内容主要是举办和壁球相关的竞赛活动、为壁球体育活动培训教练员裁判员、推广壁球体育运动、组织国家队的壁球体育集训等。我国设立的壁球项目主要有壁球大奖赛、壁球挑战赛、壁球巡回赛以及青少年锦标赛，除此之外，世界职业壁球公开赛也在中国设有站点。我国举办的壁球赛事最初主要集中在北京，后来逐渐发展到全国各地。此外，参赛人员的年龄也逐渐拓宽，不仅有成年组，还有青少年组。我国首次举办壁球公开赛的时候，运动员的技术水平参差不齐，而且喜欢壁球的人数也比较少，但是现在全国各地有非常多的壁球赛事，也有各种各样的壁球俱乐部、壁球协会，而且壁球运动国家队还特意聘请了香港的壁球教练团队来训练技能，为国际赛事做了充足的准备。壁球运动向规模化发展，我国的壁球也逐渐有了知名度，参赛选手也越来越职业化。2006年，壁球协会邀请了当时亚洲壁球联合会的资深教练蔡玉坤以及麦明乐为我国壁球运动员展开培训，这也开启了我国的壁球推广。2015年举办的壁球赛事吸引了当时排名世界第一的男运动员和女运动员来参加比赛，这都从侧面说明了我国的壁球赛事是非常有号召力的。

壁球协会为了储备更多的人才，针对不同年龄的青少年展开了壁球夏令营活动以及相关的精英赛事。从2012年起逐渐在巡回赛中增设了五个组别的比赛。经过几年时间的壁球推广、壁球宣传，壁球协会的运动员数量明显增加，并且在2014年的时候，实现了巡回赛站点数量的翻倍增长，每一年在全国范围内都会举办各种各样的壁球赛事，比如公开赛、巡回赛、青少年夏令营、壁球运动员培训等，而且壁球有非常高的观赏性、时尚性，媒体也比较

>>> 高校体育与壁球技术训练研究

关注壁球的发展,这吸引了很多的企业、商家赞助壁球运动项目。

当今时代是互联网的时代,是创新的时代,体育领域的发展也一样,其传播方式每年都在革新,壁球在全国范围内的影响力也在逐渐提升,这一运动项目得到了快速的普及和推广,在以前壁球项目是只出现在电影中的贵族项目,但是现在它已经进入人们的日常生活中了。

(二)壁球运动进高校现状

高校极大地促进了壁球运动的发展,比如哈佛大学、牛津大学等都建立了壁球发展研究中心,并且在学生录取政策中有针对壁球特长学生的专门录取政策。除此之外,高校和高校之间还有壁球联赛,这极大地推广了壁球运动。中国壁球协会的发展经历了10年的低谷期,在不断地摸索和学习中,协会找到了壁球运动未来发展的方向,也明确了运动发展的重要性,壁球协会开始和体育院校展开密切的合作。2005年,中国青年政治学院设置了壁球项目教学,之后,上海体育学院也将壁球课程纳入学校的教育范围,并且上海体育学院是国家壁球队的训练基地,上海体育学院代表队曾经在第八届东亚壁球锦标赛中取得了团体亚军的名次,这是我国代表队在国际比赛中首次取得的壁球项目的运动奖牌。

2005年,北京大学召开了我国第一届高校壁球运动论坛会议,会议邀请了合肥学院、吉林体育学院、同济大学、诺丁汉大学、南京体育学院、重庆工商大学等学校,就壁球的发展、壁球课程的设置进行交流。2017年,合肥学院举办了我国首届大学生壁球锦标赛,我国大学开设壁球课程的院校已经达到了15所,而且国家队也常年在上海体育学院的训练基地集体备战,这些都说明我国壁球项目已经走进了高校。壁球高校发展体现出了非常明显的时代特点，举例来说，北京大学充分利用互联网开展壁球工作，通过微博、微信以及其他的社交网站平台和其他的高校展开了良好的壁球互动。壁球运动的特点是占地面积小、场地建设费用低、场地保养费用低，所以我国很多社区和学校都设立了壁球场馆，有的商厦也设立了壁球场馆。此外，壁球场馆的租赁价格比其他的球类运动要低，壁球拍相比于羽毛球拍网球拍等也具有非常明显的价格优势，它消耗的热量也多，符合当下中国健康建设的主题。从目前的发展来看，壁球在我国还有非常大的发展空间，未来几年壁球的普及程度还将会有较大的提升。

第二节 壁球运动的特点与价值

一、壁球运动的主要特点

（一）自娱性特点

壁球所具有的一个显著特点是，其可以实现自己和自己的对打，一个人可以击打自己打在墙上反弹出来的球，人们可以通过这项运动自娱自乐。它的这一特点能够让练习者尽情地击打出各种各样的球，这项运动能够让练习者沉浸在其中尽情地挥洒汗水，获得运动的快乐。

（二）场地的灵活性特点

壁球运动除了有固定的场地之外，还有一种可以随时拼装拆卸,四面墙壁都是用特殊玻璃制作的透明场地。观众可以从四周看到里面运动员的动作,而运动员却无法看清外面的观众,所以不会因此而影响比赛。这种场地可以使更多的观众欣赏壁球比赛,也利于电视转播。许多大型的国际壁球比赛是在临时搭建于世界著名建筑物前的场地上进行的,例如在埃及金字塔前,这样观众既欣赏到了世界高水平的壁球比赛,同时又领略了世界名胜。

(三)具备最佳的性能价格比

现代社会人们的生活节奏都在变快,社会对人的要求也越来越高。特别是年轻人既要工作,又要学习,所以参加锻炼的时间就非常少。另外,在这个经济社会中人们普遍关心价格的问题,所以选择从事哪一项运动就显得尤为重要。而壁球恰恰可以满足参与者这种用时少、价格低、锻炼效果佳的高效率要求。因为壁球场地小、球速快、球路变化莫测,所以要求参与者反应速度和动作速度极快。打壁球时运动量和运动强度都很大,一般两人在比赛时不到半个小时就会大汗淋漓,甚至气喘吁吁。据测算,在相同的运动时间里,壁球的运动量要大大超过网球的运动量。相比目前为人们所接受的网球价格,打一场壁球更加经济。现在许多室外网球场租金每小时 60~80 元不等,室内网球场更高达每小时 120~200 元,而打一小时壁球的场租在 50 元左右。花较少的钱和时间能获得较大的锻炼效果,显然壁球拥有最佳的性能价格比。

二、壁球运动的价值体现

（一）有助于增强体质

壁球运动可以帮助人们增强体质，能够让人的运动能力有全面的提升，具体表现如下：第一，壁球会锻炼人的运动速度，因为壁球要求运动员在有限的空间内进行快速的移动，需要运动员接住对方的球，所以这项运动会充分锻炼训练者的速度；第二，为了让打出的球速度更快，运动员需要使用更大的力量去击打球，所以这项运动会锻炼训练者的力量；第三，这项运动也会锻炼训练者的体力、耐力，因为对打过程往往是持续的，所以会充分锻炼训练者的耐力；第四，为了不妨碍对手打球，运动员需要灵敏地让开击球通道，所以这项运动还会锻炼运动员的灵敏素质；第五，运动员在防守时要对球的走向做出快速的判断和反应，这锻炼了运动员的判断能力和反应能力。此外，进行长时间的训练也会提高人体的协调能力、灵活性能，能够增强人的体质，促进身体的健康，能够预防疾病、预防衰老，调节人的精神状态，最特别的是这项运动消耗的热量巨大，非常适合年轻人锻炼。

（二）有助于培养意志

壁球运动有非常大的强度，需要运动员有较强的对抗性，对抗性的形成需要运动员有非常顽强的意志和品质。

正式的壁球比赛持续的时间较长，至今为止，最长的壁球比赛一共维持了2小时46分钟，其中最长的一次回合持续了10分钟，这就需要运动员具备顽强的意志和品质。

（三）有助于陶冶情操

如果经常进行壁球运动，可以提高参与者的思维敏捷程度，这是因为壁球运动需要参与者判断对方使用的球术，与此同时，也要考虑自己的战术选择。这就要求参与者有灵敏的思维，只有这样才能把握住打球的契机。与此同时，比赛当中紧张的氛围、激烈的竞争还能够锻炼运动参与者的心理素质，也能培养参与者积极进取的精神，而且参与壁球运动能够扩大参与者的交友圈，能够让参与者结交到更多有共同兴趣爱好的朋友。

第三节 壁球运动的场地与器械装备

一、壁球运动的场地

早期的壁球场地受地域限制，规格无法统一，出现了多个不同版本，其中尤以北美地区派生的场地差别最大。经历了12年的讨论（1911～1923年），一块于20世纪初建的，位于伦敦巴斯俱乐部内的场地被选作标准场地。

壁球场是一个封闭的室内长方形空间，长9750mm，宽6400mm，前墙高4570mm，后墙高2130mm，净空高度应不低于5600mm；分前后场，后场又分成左右两个半场。

壁球房有四面墙，加上棚顶和地面共是六个面（顶棚与地面的质量应与四面墙相似）。后墙或者一面侧墙应为玻璃钢墙，以便于观众观赏及教练指导。门一般开在后墙中间。有的场地六面

第四章 壁球运动及高校体育教学开设壁球课程可行性 <<<

皆不透明，只有门是玻璃的。其中最重要的墙是前墙和地面。因为所有的发球或击球都要打到前墙上（击球时亦可通过其他三面墙或顶棚把球打到前墙），并且双方都必须在对方击球后球在地面反弹两次之前把球回击到前墙。

场地上有四道线即前发球线、后发球线（这两条线构成发球区）、接发球限制线（虚线）、双打线。这几条线的用途具体如下：发球员必须在发球区内发球，球从前墙反弹回来未超过后发球线前，发球员不得跨出发球区，所发的球必须从前墙反弹回来后落到后发球线以后才算好球，接发球员不得超越接发球线将球击回，而必须等到球过了虚线才可击球。与侧墙平行的短发球线与墙之间构成一个双打发球区；双打时发球员的同伴必须站在其中的一个双打发球区中，待发出的球超过了他之后，他才可以走出这小方块领地；所有的线在发球成功后立即失去效用。

二、壁球运动的器械装备

（一）球

根据弹性，可以将壁球分为蓝点球、红点球、白点球和黄点球四种，在正式的比赛中使用的都是黄点球。除了黄点球之外，其他的球比较适合壁球初学者或者是节奏比较慢的壁球比赛、壁球运动练习以及低室温球场中。相比于网球，壁球使用的球相对较小，而且它的表面是胶皮的，中间是空的，填充了惰性气体，当球受到击打的时候，惰性气体会和胶皮之间摩擦生热，进而会膨胀，这时球能够达到150千米的时速。比赛中一般都会使用黑色的球，但是如果是透明的场地，则会选择白色的球。可以根据球上面的彩色点来确定球的速度，黄色点代表球的速度非常慢，红色点代表球的速度适中，蓝色点代表球的速度比较快。如果球的速度快,那么球的弹性较大;如果球的速度慢,那么球的弹性较小。所以,如果是初学者,那么使用蓝色点的球比较容易上手,首先因为蓝色点的球弹性好,能够给参与者更多的反应时间;其次比较适合初学者的是红色点的球,白色点的球适合掌握一定的壁球技术但是力量不足的球员。对于壁球比赛来讲,正式比赛使用的都是黄点球,黄点球有标准规格,即直径在39.5～41.5mm,重量在23～25g。

(二)球拍

一般情况下会使用铝合金、碳钛、碳铝等相对轻盈的材料制作球拍,会使用合成材料制作球弦,除此之外,球拍的框架最好是用石墨合成物,在选择球拍材料以及球拍着色材料时应该保证材料在接触墙壁后不会在墙壁上留下痕迹。球弦的末端一定要隐藏在拍头框架内部,如果受到设计或者材质的限制无法隐藏在框架内部,那么需要使用护垫把球弦封闭起来,护垫的材料必须是软性材料,不能是尖硬的,如果材料过硬,那么会在接触墙面以及地面时留下痕迹。球弦的材料主要有人造纤维、尼龙和肠线等,一般情况下,比较优秀的选手会选择肠线球弦。壁球球拍的尺寸规格要求如下:

(1)最大长度686mm。

(2)拍面最大宽度215mm。

(3)球弦绷紧后单根最大长度390mm。

(4)最大上弦面积500cm^2。

(5)框架结构最小宽度不小于7mm。

(6)框架结构最大宽度不超过26mm。

(7)弯曲最小半径不小于50mm。

第四章 壁球运动及高校体育教学开设壁球课程可行性

（8）框架结构上任意边的最小曲率半径不小于2mm。

球拍形状很多，挑选一个顺手的球拍对提高技术水平及打好比赛至关重要。挑选球拍时一般要考虑以下因素：

第一，价钱与品牌。壁球拍的价格差异很大，对初学者来说，一般三四十元的拍子就可以，高水平的运动员经常参加比赛，因而会喜欢贵一些的球拍。球拍的品牌对运动员的水平发挥或对学习技术一般没有影响，因此可以根据自己的喜好进行选择。

第二，拍头的大小形状与弦的张力。球拍有长圆形、泪珠形等几种形状，挑选哪一种全凭个人喜好。但一般力量型打法的运动员喜欢泪珠形的，而控制球打法的运动员则偏爱长圆形的拍子。球拍头一般有两种大小类型。初学者使用大头拍比较容易接到球，但高水平运动员一般都使用小头拍，以使击出的球又快又狠。一般水平的运动员则看自己的爱好。拍子弦的张力通常为25～50p，一般运动员选择范围是25～30p（1p=0.4536kg）。初学者宜用张力小的，如25p，这样更容易控制球了。高水平运动员宜用张力大的，以便加重击球力量。一般壁球拍都用1.5mm的尼龙弦。拍框的材料有铝的、碳素钢的或复合材料的，以碳素钢的或复合材料的为好，一来比较轻，二来减少击球时对手的震动。

为了保证手腕动作的灵活性及对球的控制力，拍把大小以握拍时手的中指能碰到大拇指根为宜。拍把后面应有一条短索，称为安全索，使用时先将短索套在手腕上，旋几圈后再握拍，这样球拍就不会因意外脱手而打伤对手。

（三）防护镜

防护镜是参加壁球运动必须佩戴的防护用具，主要预防运动员被球或球拍击伤眼睛。在壁球比赛中，球的飞行速度可达

150mile/h（1mile=1.6093km），而且双方都在一个狭小的房间中大力挥拍，若不戴防护镜很容易伤到眼睛。

防护镜是特制的专用眼镜，可抗住球及球拍的冲击力。运动员切不可随意以其他类型眼镜代替，如果运动员近视必须戴自己的眼镜才能参加比赛时，要戴上专为戴眼镜的人制造的外罩型防护镜。

（四）其他防护用具

参加壁球运动还有专用的鞋、手套、护头带、护腕等防护用具。这些用具都为参加壁球运动提供安全保障。

（1）服装。壁球运动必须有专用的服装。打壁球时，要穿比较规范的壁球专业服装。如果不是正规的比赛也要穿翻领T恤加短裤或短裙，类似于网球服。选择服装时，一般都以舒适、吸汗、透气性好和方便运动为标准。但是若参加黑色的壁球比赛，服装必须以浅白色为主。

（2）球鞋。步法的变化多样是壁球运动的主要特色，如大踏步、小碎步、侧碰步以及有关脚掌转动等步法。因此，我们在打壁球时最好穿专用的壁球鞋，其特点是质轻、柔软、耐磨、制动性好，而且鞋帮处经特别加固，有防震能力，鞋边有左右承托厚边，能够对脚踝起到支撑和保护作用。不脱色的鞋底是室内运动场规则所要求的。但需要注意的是，打壁球时不要穿跑步鞋，这样很容易受伤。如果没有专业的壁球鞋，也可以用羽毛球鞋来代替。

（3）头带。在打壁球时要根据需要而用，套在头上可吸汗和避免头发散乱。

（4）护腕、护膝。对于护腕和护膝可以选择性使用，主要用来防止关节扭伤。

第四章 壁球运动及高校体育教学开设壁球课程可行性 <<<

第四节 高校体育开设壁球课程的可行性分析

壁球既可以是运动者的自娱自乐，也可以是混合双打，在高校推广壁球运动能够让大学生在提高学业的同时保持健康，能够帮助大学生放松身体，减轻学习压力。壁球运动有很强的竞技性，这一特点使得运动参与者能够保持对壁球运动的长久兴趣，因为竞技性会不断地促使参与者想要达到更高的战术水平，这也是所有竞技运动的魅力。从这一点来看，壁球运动和当代大学生的需求是吻合的，适合大学生日常参与和练习，但是目前壁球运动在高校并没有实现大量普及，所以高校应该积极开设壁球课程。

壁球课程在高校的开设具有可行性，主要体现在以下方面：

第一，壁球运动的基本功和球技战术。壁球运动基本功包括上肢，也就是正手和反手的直线球、轻吊球、斜线球、挑高球、截击球，以及只有壁球有的侧墙球、后墙球。下肢基本功包括连续侧移步、上垫步、后撤步，及后交叉步，这些基本功和羽毛球比较相似。在进行脚步基本功训练时，要多使用拖步、垫步，尽量避免使用大跨步。这是因为大跨步容易造成参与者肌肉拉伤，也容易造成膝盖和脚踝关节的损害。此外，大跨步也不容易掌握平衡，但是壁球运动需要非常好的平衡能力，所以在脚步基本功训练时一定要注意步伐大小、身体平衡、步伐节奏的控制，要快速地判断空间位置，及时转换身体重心，这一点和羽毛球、网球等运动比较相像，如果参与者有一定的网球、羽毛球训练基础，那么更容易掌握壁球的运动技巧。除此之外，壁球运动规则也比较简单，对大学生来说，掌握壁球规则、壁球技术和运用壁球技术相对容易，所以在大学生中推广壁球运动有一定的可行性。

第二，在高校开设壁球课程能够满足大学生对运动的需求，能够丰富大学生的体育生活。2004年，北京举办了"中国之旅世界女子壁球推广活动"，此活动一共持续了9天，在中华女子学院以及北京旅游学院等高校校园中举办了比赛，吸引了非常多的学生。

第三，壁球运动场地建设简单，器械比较容易配备。壁球产地从整体上来说是封闭的、在室内相比于其他的运动场地，壁球运动场地的建设价格相对较低，还不到一个保龄球道建设费用的一半，建设六个壁球场地的费用还没有建设一个网球场地的费用高，除此之外，壁球场地还可以拆装，非常方便，而且在实际的壁球场地建设中并不完全需要按照规范进行建设，只要能够满足练习要求即可，从这个角度来说建造费用就更低。此外，壁球运动经常会对墙练习，对墙练习可以直接借助网球墙或者排球墙。壁球器械的价格也不高，球拍一般在100~200元，球的价格基本不到20元，而且非常耐用，这个价格对学生来说比较合适，网球运动的鞋子、衣服等基本和其他的球类运动差不多。所以，从这个角度来讲，壁球运动的推广有可行性。

第四，高校基本都比较缺乏壁球运动的专业教师，但是壁球运动非常简单，技巧也非常容易掌握，高校可以培养网球教师或羽毛球教师，让这些教师通过培训、进修，了解壁球运动的技能、学习技能，还可以从社会上招聘壁球教练员，加强学校壁球运动师资队伍的建设。

第五章 壁球运动技术与训练——击球

第一节 击球的基础知识

一、拍面角度与击球部位

拍面角度是指击球时拍面与地面所形成的夹角，分为拍面垂直、拍面后仰、拍面前倾三种角度。拍面后仰常被称作"开"，拍面前倾常被称作"关"。

击球部位是指球拍对球所撞击的位置。球的后半部是球拍与球撞击的有效部位，把球的后半部按照高低分为上、中、下，按照与球员的远近分为左、中、右。这样在球的后半部的凸面上就分为五个部位，球员击球时如果能注意正确利用球拍角度与球撞击的合理部位，则对掌握壁球的打法非常有利。

不同的击球方法要求不同的拍面角度和击打部位。直击球一般要求拍面垂直，击打球的后中部；吊高球一般要求拍面后仰，击打球的下部；扣杀时要求球拍前倾，击打球的上部。

观察世界优秀运动员的击球动作可以发现，实际上用垂直拍面击球的正中部位和用"关"的拍型击打球的上部的情况比较少。大多数情况是拍面呈后仰，即"开"的拍型击球的下部、偏左或偏右位置，这样的主要作用是当将球击向墙时，会给球增加一些后回旋，这会使球在重新反弹到地板时弹得不高，并使球前冲。

二、击球点

击球点是指击球时球拍与球接触时的瞬间在空中的位置。对击球者而言，影响击球点的因素有三个，一是击球时球处于击球者身体一侧的前后位置，二是击球时球处于击球者身体一侧的远近距离，三是击球时球处于离地面的上下高度。选择好击球点对正确掌握各种击球动作和击球的效果至关重要。

在上述三个因素中，击球点的前后位置较为重要，因为击球点离身体过前，击球无力；击球点过后，则不易控制球。正确的位置是当身体侧向来球时，两脚前后站立（相对于击球方向），击球点应是在前腿（主动腿）膝关节的正前方的位置区域，如图5-1所示，在这个位置击球便于发力。

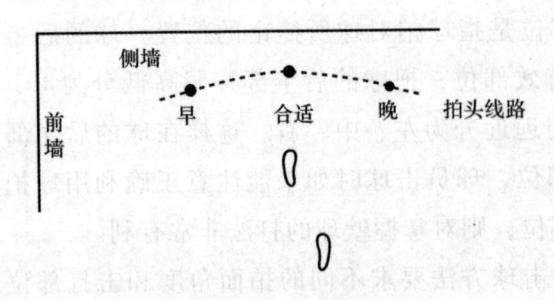

图 5-1 击球点位置图

影响击球点的因素还有击球时球离身体的距离远近。壁球的挥臂动作以挥动小臂为主，要使挥臂快速有力，击球时球离身体既不能太近，也不能太远，具体的距离因击球者臂长的不同而不同，一般击球点应保持在离身体重心一侧70～80cm。

影响击球点的最后一个因素是击球时球离地面的高度。击球者在选择好击球点在身体前后、远近的适当位置后，则可以任意地控制球的高度。一般情况下，在打直击球时，击球点的高度应是主动腿（前腿）同膝关节的高度的位置；在打截击球时高度应控制在与肩同高的区域。

三、击球的质量因素

（一）击球的力量

击球的力量是指球员用球拍击球时，球拍给球的作用力大小。在壁球运动中，击球的力量大小将直接影响击球的质量。较大的击球力量可以使对方没有充足的时间判断来球。击球力量的大小主要体现在球的速度上，优秀运动员击出的球往往都带有与空气摩擦时发出的"嗖嗖"的声音，球击到墙上声音较大，这说明优秀运动员击球的力量都很大，而初学者击球时就没有这种声音或声音较小。

根据牛顿第二定律"物体运行的加速度与它所受外力成正比，与它的质量成反比"，用公式可以表示为F=a·m，F代表击球力量，a代表球的加速度，m代表球的质量和球拍的质量。由于球和球拍的质量是一定的，即m是一定的，因此要想加大击球的力量F，就只有增加挥拍的加速度，才能增加球的加速度。为了增加击球的力量，应从以下几方面进行练习。

（1）增加挥拍的加速距离。加速距离越长，球拍具有的能量就越大，击球时传递给球的能量也就越大。

（2）击球时全身各部要协调配合。仅仅靠手臂的力量将球拍快速地挥动往往是不够的，还要靠脚的蹬地和腰的带动等多种力量共同参加。这样，既有局部肌肉本身的发力，又有全身肌肉的协同配合，最后集中到一起便可以共同完成快速挥拍的动作。

（3）击球前要放松身体的肌肉，特别是持拍的手要尽可能放松，这样在击球时再握紧球拍，就有利于发力，而且不易疲劳。

（4）选择好合适的击球点。适宜的击球点可以使动作流畅、完整，正确使用击球技术，而正确击球技术是充分发挥击球力量的保证。

（5）提高球员的力量素质。力量素质是球员击球力量的基础。提高力量素质主要是提高指、腕、前臂的内外旋，肩部的力量和腰部的伸展，下肢的蹬、跳等力量。以上身体各部位力量的提高，应重点放在提高爆发力的素质上。

（二）球的速度

球的速度是指球被球拍击出后在空中飞行的快慢。由于壁球的球体积比网球的球小，且又与墙相撞发生反弹，所以壁球的球速比网球要快得多，这就需要球员具备快速的判断、反应、移动和快速击球的能力。速度快是壁球技术的关键，球的速度快，就可以调动对方，限制对方，掌握主动。因此，研究和掌握提高球的速度，不仅是技术需要，还是战术的需要。提高球速的方法主要有以下几种：

（1）使用截击的方法回球是提高球速的最好办法。

（2）在回击落地球时，应尽快提高挥拍速度，以增大击球的爆发力。

（3）压低球的飞行路线，缩短球在空中的飞行时间。

第五章 壁球运动技术与训练——击球

（4）加强专项速度素质训练，即提高动作速度和移动速度。动作速度的提高主要是提高手臂、手腕、手指的动作速度，移动速度的提高主要是提高步法的移动速度。另外，还要提高判断、反应速度。

（三）球的落点

球的落点是指球被球员击出撞墙反弹后，没有被截击而落到场地的地方。研究球的落点是壁球运动的一个重要内容，只有具备随心所欲地将球击到不同区域的能力，才能取得好的成绩。

球的不同落点主要有三方面的作用：一是适当的落点与击球路线相配合，可调动对方，迫使对方在场地内前、后、左、右地奔跑，并迫使对方改变击球方法，增加对方的击球难度；二是利用落点进攻对方的弱点，例如对手反手弱就专打其反手区域，一般球员都怕球落到身体的附近，那么就专打追身球；三是将球击打到不易反弹或反弹不高的地方，使对手来不及接起，例如墙与地面的交接处及墙角部位，这种情况类似于乒乓球的擦边球，球员一般很难接起。

四、球的飞行线路

球在被球员击出的飞行过程中，由于受反弹力和重力的作用而形成一条曲线，我们把球在运行中呈现的这种曲线轨迹称作击球的飞行线路。由于壁球是在一个四面有墙的房子里被击打的，它除了可以撞击前墙直接反弹到地面外，还可以经过侧墙或后墙然后撞击前墙再反弹到地面，所以壁球的飞行线路要比其他拍类球类运动球的飞行线路复杂得多。研究球的飞行线路目的是更好地掌握壁球的飞行规律，从而准确地判断来球、控制回球，争取主动，克敌制胜。

球的飞行线路由击球力量和击球方向所决定。而击球方向又可以用球撞击墙的次数来划分，壁球的飞行线路通常有以下几种：

（1）撞击一次墙的线路，即球被球员击出后直接撞击前墙，然后再反弹到地面的线路。

（2）撞击两次墙的路线。一种情况是球被球员击出后，首先撞击侧墙，然后碰到前墙，再反弹到地面的线路；另一种情况是球被球员击出后，先撞击后墙，然后再碰到前墙，再反弹到地面的线路。此外，还可能是上述两种情况的反方向线路。

（3）撞击3次墙的路线。一种情况是球被球员击出后，首先撞击侧墙，然后碰到前墙，再碰到另一面侧墙，最后反弹到地面的线路；另一种情况是球被球员击出后首先撞击后墙，然后碰到侧墙，再碰到前墙，最后反弹到地面的线路。此外，还可能是上述两种情况的反方向线路。

（4）撞击4次墙的路线，即球被球员击出后，首先撞击侧墙，然后碰到前墙，再碰到另一面侧墙，再碰到后墙，最后反弹到地面的线路。从理论上讲这样是可能的，但在实际中这种情况很少见，这需要非常大的击球力量。

五、反弹球的特性

撞墙后的反弹球是壁球运动所特有的内容，研究反弹球的性质，有助于准确的击球。

做以下练习，可感受当球碰到边墙或后墙后将如何反弹：站在球场的一侧，用球拍将球打出，使其在落到地板之前碰到墙，球会返回所站位置。重复以上动作，但使球在碰到墙之前先落到地板上，这次则必须走过去才能接到球。

第五章 壁球运动技术与训练——击球 <<<

从以上现象我们得知，当球从前墙飞来朝向边墙或后墙时，要仔细观察球，如果确定球先击中墙，然后才是地板，就可以等着球反弹起来再击打。如果确定球先击到地板，后碰墙壁，就得紧紧跟随着球，并且下拍要快。

开始打壁球时，会觉得边墙和后墙带来了很多麻烦，但随着兴趣的提高，它们会成为助手。

第二节 击球的动作结构

一、球拍的握法

许多参与者在开始学习打壁球时，没有经过正规的指导，这很容易形成错误的习惯，并且很难改掉。

正确的握拍方法如下：

（1）手握在拍柄的中部，虎口呈"V"字形。

（2）虎口对着正手位时球拍触球面的上沿，食指高于拇指，拍型稍微后仰。

（3）在击球过程中这个握法应始终不变。握拍时应注意避免用满把抓，像"握锤子"的方法握拍。

二、基本站立

基本站立的动作方法如下：

（1）两脚自然开立，约与肩同宽，两膝略屈，重心放在两个前脚掌上。

（2）上体略前倾，两手持拍置于腹前，右手采取正手握拍方法。

（3）目视对方及球路，判断其击球意图，预测来球方向及力量。

（4）两脚也可不停地轻微跳动，使身体重心随时可向任何方向移动，呈现一个轻快而富有弹性的站立姿势。

三、基本站位

基本站位的动作方法如下：

（1）单打击球时，一般站在接发球线与后壁之间，也可靠前一些。

（2）设法使自己占据这个位置，同时把对方挤出去。

四、挥拍的步骤

挥拍的动作由三个步骤组成，即引拍、击球和跟进。

"引拍"是击球前的预摆动作。由于两个球员同处一个场地，规则规定引拍的动作幅度不能太大，所以手臂动作主要是以挥动前臂为主。引拍时应注意握拍的手腕要固定并竖起，使拍头高于手腕。引拍的要点是向上引拍时手的位置应在击球者耳的一侧，拍头的位置应在击球者头的上部。检查引拍动作是否过大的方法是，站在离墙45cm处背对墙，向后引拍，如果球拍没有碰到墙就是正确的引拍姿势。

"击球"是球拍接触到球时的击打动作。击球时球拍迎向来球划一弧线。球拍触球时手腕固定，握紧球拍，拍面稍向后仰即"开"一些，用拍面的中部撞击球，小臂和腰部随身体的转动向前方协调配合用力，身体重心从后脚移至前脚。击球的要点是：击球时要选择好击球点和击球部位。不同的击球方法需要有不同的击球点和击球部位。

"跟进"是球拍击球完成后球拍的顺势动作。击球后球拍运行不能立即停止,还应随击球动作的惯性继续向上挥动,与引拍的动作一样,跟进的要点是:跟进的动作幅度也不能太大,球拍向上挥动的位置应是在头的上方。跟进在击球动作结构中是必不可少的,它可以控制击球的方向。

第三节 击球的主要方式

壁球击球的方式主要有两种:一种是正手击球;另一种是反手击球。在这两种击球方式中,因击球位置的不同而又演变出上手击球和下手击球两种。

一、正手击球

正手击球是初学者最先学习的击球动作,是击打各种球的基础。它既是壁球初学者的入门技术,也是大多数壁球运动员用于得分的手段。正手击球速度快、力量大、准确性高。

完成正手击球通常需要以下四个步骤:

第一步:准备姿势。球员站在"T"区,面向前墙,两脚开立,略宽于肩,双膝微屈,上体稍前倾,一手握拍放于体前,另一手可扶于拍上,身体重心落在两脚掌的前部,集中注意力,保持随时可以起动的准备状态。

第二步:上步引拍。右手持拍球员(以后均以右手持拍为例)从准备姿势开始,移动到来球位置,最后一步要保持左脚在前,右脚在后，前后脚的距离有一脚半，身体左侧朝向来球方向，双膝微屈，眼睛注视来球，这样能使身体平衡并使击球动作顺畅。然后，向头的右上方向引拍。注意动作不要过大。

第三步：挥臂击球。挥臂击球时球拍的拍面要"开"一些。击球点的最佳位置是球从地面弹起后与左腿的膝关节同高的区域，同时注意球离身体不能太近或太远，眼睛盯着球，击球动作要靠挥臂与转体的配合来完成。

第四步：进移重心。在跟进的最后，球拍要跟着球的路径直至在一个较高的位置上结束，身体重心随之移向击球方向。

二、反手击球

由于受场地的限制，有些球必须要用反手才能击打，所以在壁球中反手击球同正手击球有着同样的重要性。对于很多球员来说，反手击球比正手击球更自然、流畅。但要特别注意的是击球点，因反手击球的击球点不容易掌握，初学者往往击球时太接近球，这样接球时球拍头竖直向下，不利于发力。

反手击球的方法与正手击球的方法大体相同。

第四节 击球的常用方法

在壁球运动中，根据球的飞行线路不同，可分为直击球、侧墙球、前场球、截击球和高吊球等五种击球方法。

第五章 壁球运动技术与训练——击球 <<<

一、直击球

直击球是指被直接击向前墙的长球。直击球是初学者最先要掌握的击球方法,可以采用正手击球的方式。直击球有两种形式:一种是直线长球,即球击向前墙后返回到自己一侧场区的后场,如图5-2(a)所示;另一种是斜线长球,即球击向前墙后返回到另一场区的后场,如图5-2(b)所示。直击球多用于进攻性的击球。在比赛中有威胁的直线长球是贴近侧墙的直线球,理想的斜线球的目标是在发球区后方靠近侧墙的位置。

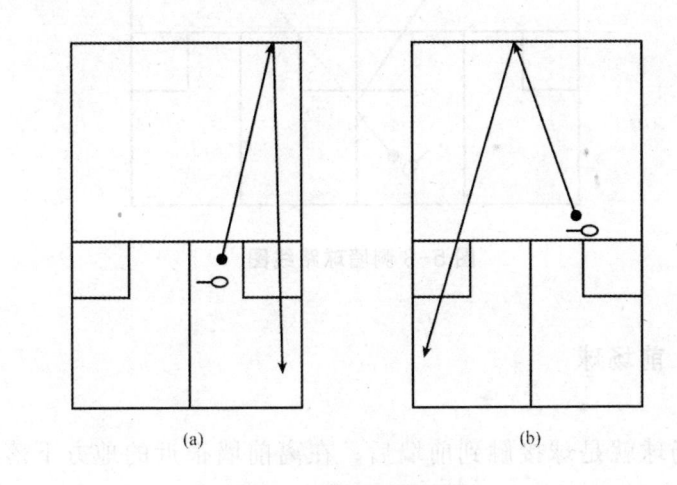

图 5-2 直击球的形式

二、侧墙球

侧墙球是利用墙的反弹,将球击向侧墙然后撞击前墙或再撞击另一面侧墙最后落到地面的球。打侧墙球的要点是,面向侧墙而背部侧向前墙,肩部转向侧墙对着球将要打在墙上的位置。

击侧墙球时,要想象着将球通过侧墙击向隔壁球场相对的角。侧墙球的最佳线路是球击到侧墙后,反弹到前墙,然后再落在对面侧墙接近前墙的角落，如图5-3所示。使用侧墙球打法可以调动对手，令对手在壁球场内移位，迫使对手靠近前墙墙角位置等待接墙角的短球。侧墙球一般多用于后场的防守，但如果运用得好，也是一种有威胁的攻击。

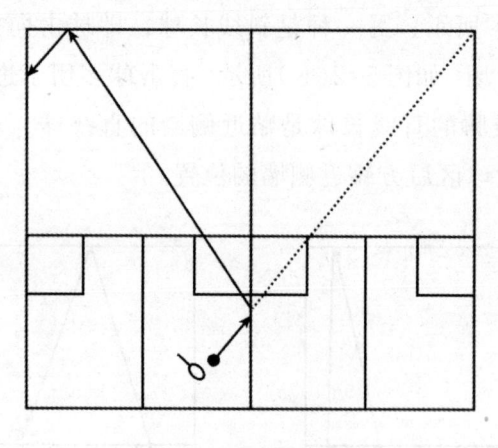

图5-3 侧墙球路线图

三、前场球

前场球就是球接触到前墙后，在离前墙很近的地方下落。打前场球时的要点如下：身体侧向前墙，转肩并朝向将击打球的位置，膝关节弯曲，重心下降，手腕固定，击打动作要小，拍面要稍微"开"一点，击球点在球员前脚的前方。

打前场球时的击球力量应是刚好把球直线地打在前墙上，并且弹离前墙后落在侧墙与地面的交界处，让球在那里再也弹不起来，如图5-4所示。如果前一击使对手退到后场角落，紧接着打了一个短球，则对手必须从后场的角落向相对的前场角落奔跑，这在壁球场中是最长距离的奔跑。一般运动员都是在前半场区时打前场球，而有的优秀运动员站在后场也可以打前场球，但这需要较高的技术。

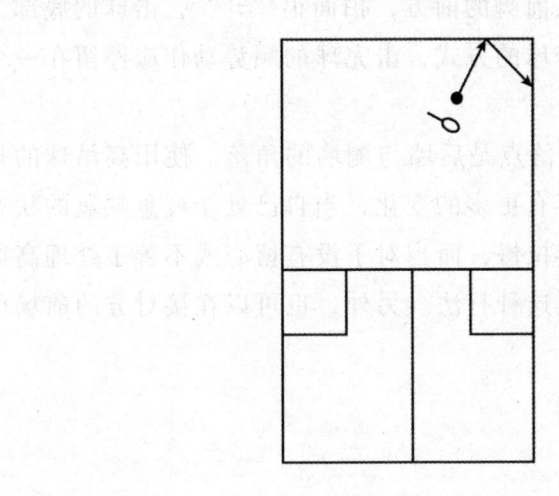

图 5-4 前场球的击球方式

四、截击球

截击球就是在球落地之前的直击球或侧墙球。截击球是壁球击打中很常见的一种攻击性击法。大多数的截击球是在短线附近发生的。击打截击球时，球在与自己肩同高的区域，可以采用正手击球和反手击球的方式。好的截击球能提高球的速度，加快比赛节奏，从而赢得控制权。练习击打一系列连续的截击球，特别是反手截击球需要较高的技术，但它能培养球员的自信心。

五、高吊球

高吊球就是球触前墙后，高高弹起，穿过整个球场飞向后场，或触到侧墙，抑或触到后墙。在壁球比赛中高吊球使用的概率是较低的，也是不常用的一种击法。一般的高吊球的起拍点都是在前场。高吊球需要将击球时间提前。打高吊球的要点如下：身体重心降低，击球点在前脚的前方，拍面很"开"，击球的底部，高吊球多采用下手击球的方式，击完球的顺势动作应停留在一个较高的位置。

打吊高球的最佳落点是后墙与侧墙的角落。使用高吊球的打法可以使比赛的节奏有更多的变化，当自己处于疲惫缺氧的状态时，可以把比赛节奏拉慢，而当对手没有留心或不善于处理高截击球时，也可以使用这种打法。另外，也可以在接对方的前场球时采用这一打法。

第六章 壁球运动技术

与训练——接发球

第一节 壁球运动的接球技术

未能有效地接发球往往是失败的起因。最有效的接发球的方法是采用直线长球的接发球,它能帮助接球员有效地控制"T"区,夺取主动。

接发球的站位是肩部斜对着前墙,站在发球区对角线的延长线上,距离发球区的角有一大步的位置。眼睛看着发球球员,注意来球方向,这样能够预测所发出球的飞行情况而准确地移位击球。接发球有两种选择:一是接从地面反弹起来的合理的发球;二是用截击的方法接发球。如果认为发出的球会落在后墙与侧墙的死角位置,接球员就需要在球接触到侧墙之前,上前用截击的方法回球。

一、接平快球技术

(1)用杀球。如能移动到位并且球的位置很好,则可用各种

— 207 —

杀球技术将球一拍打死。

（2）用远球。如果时机、位置不允许杀球，则可用各种远球技术将对手调离中间位置，以创造下次进攻机会。

（3）用顶棚球及高吊球。如果位置不好，球的落点又高又难以控制，则最好用顶棚球及高吊球将对手调到后场，并且可利用此时机调整自己的位置。

（4）用挡球或撩球。如果球速非常快，接球者认为球反弹后自己没有时间回球，位置也不合适时，应快速把球挡撩回去，以待下次机会。

（5）用后壁球。如果球已超过接球者，则接球者应迅速转身，用后壁球将球击回。

二、接折线球技术

（1）攻击性回球。如果接球者位置较好，则应用杀球或远球直接回球得分或迫使对方回球软弱。

（2）防御性回球。如果接球者位置不好或时机不好，则可用高球回球，以待下次机会将对方调离中间位置。

三、接高球或半高球技术

（1）攻击性回球。若对方发球质量不高，接球者应使用杀球、远球技术以直接得分，或迫使对方回球软弱或失误。

（2）防守性回球。若接球者位置、时机不好，则应使用高球、顶棚球等防守性技术先将球击回，以待下次机会。

（3）挡球。若对方发球路线及落点比较刁钻，则接球者可在球反弹之前即将球挡回。这样虽然攻击性不强，但至少不会陷于被动或失球。

第二节 壁球运动的发球技术

发球是比赛的开始。发球时运动员至少要有一只脚踩在发球区线内，击球时必须使球击中前墙的发球线与上界线之间的区域，然后再反弹到相对的后1/4半场。

一、壁球发球的位置

发球时可以采用各种挥拍方式，例如正手、反手、上手、下手等，只要球被抛起，击球点也没有规定。一般发球的方法如下：发球时运动员站在"T"区接近前墙的位置，这样可以提高球击向前墙的准确度和获得较高的发球角度，也容易接落在前场的回击球。一个好的发球是球从前墙弹回后，首先触到接发球方一侧的侧墙上部（有的球场在侧墙上标出了这个区域），然后再碰到后墙，最后再落到地面。

（1）在右发球区的发球：①发球员右脚站在发球区内的左前角，左脚站在"T"区接近前墙的位置；②左肩对着前墙；③挥拍时手腕固定，拍头向上，拍面呈"开"位；④把球抛离身体；⑤球被击出后的目标是前墙中部上界线以下的范围内。

（2）在左发球区的发球：在左发球区发球的方法与在右发球区的发球相同。主要的不同是发球时球拍接近场地的中间位置，由于球需要一个角度较小的飞行轨迹，所以击打的目标应是前墙偏右1/3的位置，也就是要稍微靠近右侧墙，高度也比在右发球区发球时要低。

二、壁球运动发球的常用技术

(一) 发平快球

(1) 基本姿势与位置。发平快球时所站基本位置是在发球区左右壁中间，姿势是面向右侧壁，左脚在前，右脚在后，两脚紧贴后发球线内侧。发球时喊出比分并看对方是否准备好接球时再发。

(2) 发球动作。发球时左脚向前壁迈出一步，同时左手将球落于左膝内侧不超过膝的高度，右手向后挥拍，发球动作和正手基本击球技术完全相同。

(3) 球路及落点。击球后，球飞向前壁，其目标是前壁中间靠左半米左右（向左后角发球），胸部高度。球从前壁反弹后飞向左后脚，在接发球线附近击地，然后反弹向角落。

(4) 发球后动作。发球后迅速退几步，占据接发球线与后发球线之间的中间位置，同时注视对手的动作及球路，准备回球。

(二) 发折线球

(1) 基本姿势与位置。发折线球的位置是在发球区内靠近侧壁 1m 左右。向左后角落发球时靠近左侧壁，向右后角落发球时靠近右侧壁。发球姿势如同发平快球。

(2) 发球动作。发折线球的动作与发平快球相似，只是在跨步方向上不同，向左后角落发球时，左脚向右侧壁与前壁的墙角迈步。向右后角落发球时，左脚向左侧壁与前壁的墙角迈步。如果发快速折线球，则动作如同发平快球。如果发高折线球，则动作如同折线击球技术。

(3) 球路及落点。击球后，球飞向前壁，其落点是在前壁靠近侧壁半米之内。发快速折线球的目标在胸部高度，发高折线球的目标则靠近顶棚两三米处。球从前壁折回后立即打到邻近侧壁上，然后穿越场地，在着地后打到另一侧壁上，最后与后壁平行反弹回来或冲向后壁。

（4）发球后动作。发球后应注视对手及球路，要占据最佳位置以备回球。切不可只面向前壁站立。

（三）发高球及半高球

（1）基本姿势与站位。发高球及半高球的基本站位如同发平快球，但也有人转过身来，用反手发球。

（2）发球动作。发高球及半高球的动作如同击高吊球。从基本姿势开始，左脚向前壁跨步击球，击球时主要用手臂动作，少用腕力，以保证稳定的球路及落点。发高球速度很慢，发半高球则要快一些。

（3）球路及落点。发高球的目标、飞行路线及落点与击高球相似，目标在前壁左侧高度，飞行弧度大，落点在角落。发半高球的目标在前壁左侧，离左侧壁2m左右，高度在顶棚与地板之间。球的飞行路线在反弹于地面之前比头高，反弹后则在胸部高度，沿墙壁落于角落里。

（4）发球后动作。发高球或半高球后，迅速占据中场位置，准备回球，同时注视对手动作及击球路线。

三、发球与接发球练习方法

第一，自己发球。练习时着重感觉发球时的力量、目标、球路及落点，多进行练习，以使自己的技术更加熟练。

第二，同伴接球。练习各种发球技术，让同伴来接并随时给予反馈，以便发球者不断调整。

第三,综合发球。一般比赛时运动员均以发平快球为第一发球。若违例,则以高球或半高球等作为第二发球。做这项练习时就是模仿比赛的发球方式,以实现各种发球方式的自由转换。

第四,接发球。让同伴使用各种方法发球,自己以相应技术练习接发球。

第三节 壁球运动的练习与训练

一、壁球运动的练习法

(一)技术练习法

壁球的技术练习是球员在教练员的指导下,为学习和掌握壁球运动的技术,不断提高运动水平而组织的一种专门的教育过程。技术练习的目的就是使球员熟练地学习和掌握运动技术,既能充分发挥球员机体能力,又能在比赛中灵活自如地运用。壁球技术练习的基本内容应包括球感练习、各种击球方式和方法的练习以及技术练习的组织方法。

球员的练习需要在教练员的指导和配合下进行,教练员给球员"喂"球,球员练习击球。

1. 球感练习

球感练习是通过对球的各种练习,使初学者对球的速度、力量、弹性、软硬等性质了解,为下一步学习击球技术打好基础。球感练习对已掌握一定技术的运动员来说也是非常重要的,所以在平时的训练中要经常练习。在球感练习开始前,要确定握拍的姿势是否正确,不要因击球方式改变而改变握拍的手型和位置。

(1)拍球练习。用拍子向下拍球,让球在地面与拍子之间来回反弹,就像用手拍篮球一样。熟练到一定程度后,可加快拍球频率。记录拍球次数,连续拍球应不少于20次。

(2)正手颠球练习(右手持拍,以下同)。右手持拍,手心向上,将球放在拍面上,让球弹离拍面,弹向空中,体会球的弹性。记录颠球次数,连续颠球应不少于50次。

(3)反手颠球练习。同正手颠球练习,但右手持拍手心朝下,用球拍的反面颠球。记录颠球次数,连续颠球应不少于50次。

(4)正反手交替颠球练习

用正、反手交替的方法连续颠球。动作熟练后可以降低弹起的高度,加快颠球的速度,增加颠球的次数。

2. 正、反手击球练习

(1)正手击球练习。球员从准备姿势开始,左脚向右上方迈一步,身体右转,左肩对着前墙,引拍准备击球。教练对着球员左膝用手"喂"球,当球弹起与膝关节同高时,球员进行正手击球练习。

(2)反手击球练习。方法同正手击球,但方向相反。

3. 各种击球方法练习

(1)直击球练习

直线长球练习:教练在后场"喂"平的直线球,球员从"T"区移动到击球点练习打直线长球,球员尽可能地使球回到教练所在的位置,在每次击完球后球员都要返回"T"区,此练习左、右半场都可以进行。

斜线长球练习:教练在后场"喂"侧墙球,球员从"T"区移动到击球点练习打斜线长球，使球回到教练的位置，然后再返回"T"区，此练习左、右半场都可以进行。

限制性直击球练习：两名球员站在后场进行比赛，以9分为一局，必须采用直线长球或斜线长球的打法，将球回到后场的区域内，球落在前场即为输。

（2）截击球练习

半场的截击球练习：教练在后场"喂"直线平飞球，球员在前场练习打直线的截击球。

全场的截击球练习：教练在后场"喂"慢的斜线平飞球，球员在前场移动练习打正、反手的直线截击球。

（3）侧墙球练习

半场的侧墙球练习：教练在前场"喂"慢的斜线高吊球（不要太贴近墙），球员从"T"区跑向后场练习打侧墙球。

全场的侧墙球练习：教练在前场"喂"直线长球，球员在后场练习打正、反手的侧墙球。

（4）前场球练习

教练"喂球"的前场球练习：教练在前场"喂"前场球，球员练习打前场球。

限制性前场球游戏：9分制比赛，球员必须将球控制在前场1/4区内。

（5）高吊球练习

半场的高吊球练习：教练在后场打侧墙球，球员移动练习打过场高吊球。

全场的高吊球练习：教练在后场打直线前场球，球员移动练习打正、反手的斜线高吊球。

4. 技术练习的组织方法

练习的组织方法是教练员根据可用场地的数量、参加的人数和练习的内容而采取的练习手段。壁球技术练习一般采用小组练习法。在练习前，教练员应做正确的示范动作，同时讲清动作的规格要领；在练习过程中，教练员应能指出球员的错误动作及改正方法，还应做到有效地使用场地，让每一个球员都能参与练习并且注意安全。

（1）熟悉球性的练习：一是球员向侧墙打球，可进行正手、反手或正反手交替练习；二是球员绕着墙移动，并同时对墙打短球，这种练习对训练球员对球拍的控制能力十分有效。

（2）直击球和截击球小组练习：教练在发球格后方"喂"直线球，小组球员站在场地一侧的墙边，依次从排头经过"T"区前往击球点练习打直线长球，将球尽可能地打回教练的位置，而后返回小组的队尾。这个练习也可用于练习截击球。

（3）侧墙球的小组练习：教练在前场用高吊球"喂"球，球员依次从排头经过"T"区到后场击球点练习打侧墙球，然后返回小组的队尾。

（4）前场球的小组练习：教练在前场"喂"短球，球员依次从队尾经过"T"区到前场击球点练习打前场球，然后返回小组的队头。

（5）高吊球的小组练习：教练在后场"喂"侧墙球，球员依次从队尾经过"T"区到前场击球点练习打高吊球，然后返回小组的队头。

（6）综合球的小组练习（直击球和侧墙球）：一是教练在前场"喂"过场斜线长球，在后场一球员打直线长球，然后返回小组队尾，下一个球员回接这个球打侧墙球给教练，然后返回小组队尾；二是教练先在前场"喂"短球，一球员从"T"飞跑到前场先打一个前场球，教练再回接这个球，使球直线回到后场，球员迅速跑向后场回接这个球打侧墙球，然后返回小组的队尾，另一球员重复这个练习。

（二）战术练习法

战术练习的目的是使球员掌握专项运动的战术，并能在比赛中合理运用。在战术练习中，要使球员精练几套基本战术，以便在临场比赛中，根据已掌握的基本战术，随着情况的发展，灵活变化，运用自如。

1.打贴墙球的练习（"胡同"游戏）

两个球员站在场地的一侧，采用直线长球或截击球的方法，两人在距离侧墙一个发球区宽的通道里交替击球，使球的线路尽量靠近侧墙。由于击球通道很窄，所以有人把这个练习称之为"胡同"游戏。球员在练习时可规定连续击球的次数，也可计时。

2.控制落点练习

（1）正反手连续击球练习（8字球的练习）

球员站在"T"区，首先用正手将球击向前墙靠近左侧墙的位置，使球弹向左侧墙后反弹回球员的位置；然后再用反手将球击向前墙靠近右墙的位置，使球弹向右墙后再反弹回球员的位置，这样可以连续进行正反手的击球练习。由于球所走的线路像一个"8"字，故称8字球练习。此练习开始时可以进行落地的反弹球练习，熟练后也可以进行截击的8字球练习。

（2）反弹球触标志物练习

在后场的侧墙边放一标志物（例如一本书），球员打贴墙的直线球，球从前墙弹回的落点要在标志物的周围，要求在两分钟内球至少要击中标志物3次。此练习实际操作起来较难，因此可加大标志物的面积。

3.返回"T"区的练习

在场地内"T"区的位置放一标志物（例如一把椅子），两名球员练习打贴墙球，要求球员每打完一球后都要跑到"T"区，用手摸一下标志物，然后再接下一个球。

4.控制"T"区的练习

控制"T"区的练习可以和控制落点的练习相结合。一球员站在"T"区的位置，教练员站在后场，教练员击打出各种不同线路的球，如前场球、侧墙球、后场直击球等，无论什么样的球，球员都必须尽力去接，并把球尽可能打回教练员身边。球员每打完一个球，就必须返回"T"区。

5.组织比赛进行实战训练

要经常组织球员进行比赛。通过比赛可以使球员对战术意图的理解更深刻，对战术的掌握更牢固，从而运用得更加合理、有效。另外，在比赛时一定要配有裁判，尽量让球员在有裁判判罚的环境下进行比赛，提高球员在比赛中灵活运用规则的能力。

二、壁球的身体训练法

身体训练是指在运动训练过程中运用各种身体练习，有效影响球员身体，增进球员身体健康，提高有机体机能和发展运动素质的训练，它是提高和保持优异运动成绩的基础。发展运动素质的训练，主要是发展球员的速度、力量、耐力、柔韧、灵敏等素质。这些素质的不断增强，可以为掌握正确的技术动作和提高运动成绩打下良好的基础。

身体训练可分为一般身体素质训练和专项身体素质训练两种。一般身体素质训练是为了促进身体的全面发展，而专项身体素质训练是为了直接发展壁球运动所特有的体力与技能。要在一般身体素质训练基础上提高专项身体素质训练水平。

（一）壁球一般身体训练

一般身体训练是指在训练中运用多种非专项的身体练习以增进球员的健康，改善身体形态，提高各器官系统的机能水平，使运动素质全面发展，为专项训练打好基础。壁球的一般身体训练可以采用田径运动中的跑与跳跃的练习、体操运动中的柔韧练习、举重运动中的各种力量练习等。

目前大多数壁球场都是设在一些星级饭店和俱乐部内，而一般饭店和俱乐部都备有先进的健身设备和休闲设备。所以，发展壁球的一般身体素质可以充分地利用这些健身设备。另外，在打完壁球后，也可以利用这些设备进行调整和放松。

（二）壁球专项身体训练

专项身体素质训练就是在训练中采用与专项有紧密联系的专门性的身体练习，发展对专项运动成绩有直接关系的专项运动素质，以保证在练习中掌握专项技术和战术，在比赛中顺利、有效地运用，创造专项运动成绩。壁球的专项身体素质训练包括壁球的专项速度训练、专项力量训练和专项耐力训练。壁球专项身体素质训练可以安排在每次训练课后进行，但要注意训练后还要安排一些放松练习。

第六章 壁球运动技术与训练——接发球

1. 壁球专项速度素质训练

专项速度素质是人体快速完成动作的能力和动作反应时间的总称，也是人体（或身体的某一部分）进行快速运动的能力。它是由人体的感觉器官（视觉、听觉）、中枢神经系统和肌肉收缩速度等因素决定的。速度练习应在体力充沛、精神饱满、运动欲望强烈的情况下进行，以利于形成快速动作的条件反射。

发展专项速度素质练习主要从以下两方面进行：

（1）发展移动速度的练习

1）10m×10折返跑练习：因为壁球场地的长度是9.75m，所以采用10m作为练习距离更接近实战的要求。练习时可计时。

2）利用壁球场地条件，在场地中做快速移动的步法练习。

第一，见线折反跑练习。球员从场地的后墙开始，每见一线返回一次，直到前墙。可采用计时或两名队员比赛的方式进行。本练习主要训练球员向前和向后移动的能力。

第二，变向跑练习。球员始终面向前墙，从后墙跑向前墙时，采用向前跑；从一面侧墙跑向另一面侧墙时，采用侧滑步跑；从前墙跑向后墙时，采用后退跑；再从侧墙跑向侧墙时，仍用侧滑步跑。可计时。本练习主要训练球员向前、向后和左右移动的能力。

第三，返回"T"区跑练习。球员以"T"区为中心，分别向7个位置做往返跑，如图6-1所示。可计时。本练习主要训练球员在球场上前、后、中、左、右、侧前、侧后综合移动的能力。

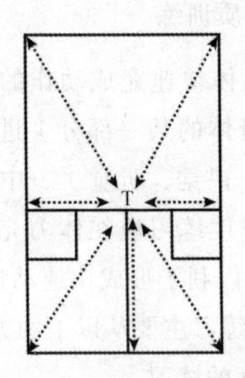

图 6-1 "T" 区跑练习

第四，移球接力比赛。方法是将五个球拍等距离地放置在一侧墙边，拍头朝向场内，再将每个拍面上放一个球。球员从一侧出发，依次从第二到第五的拍子上将球一个一个放到第一个拍子上，再从第一个拍子上分别将球一个一个地依次放回原来的拍子上，然后用手触前墙后，返回起点。整个过程也可以采用接力的方法，两队球员进行比赛，先做完的一队为胜。本练习主要训练球员侧向并步和交叉步移动的能力。

（2）发展挥拍速度的练习：①手持细树棍儿做鞭打动作。要求挥动时可以听到树棍儿划破空气的"嗖嗖"声；②手持壁球拍做模仿挥拍动作，要求挥动时能听到拍子划破空气的"嗖嗖"声。

2.壁球专项力量素质训练

专项力量素质训练是提高身体局部肌肉在工作时克服阻力的练习。力量素质按肌肉收缩性质，可分为静力性力量和动力性力量两种。力量练习可通过克服外部阻力的练习和克服自身体重的练习来完成。

发展力量素质的练习可以通过以下方式进行：①手持加重的球拍（或网球拍）做挥臂练习；②穿沙衣或绑沙袋进行步法移动

练习；③站在后场大力击球，使球直接撞击后墙，然后再反弹到地面。连续击打计算次数。

3. 壁球专项耐力素质训练

专项耐力是球员有机体为了获取专项成绩，而最大限度地克服专项负荷所产生的疲劳的能力。球类项目比赛时动作没有统一的标准，并且动作的方式和数量是广泛的，是事先无法估计的，也不可能事先准确地确定比赛所要承担的负荷，甚至比赛的总时间也不能预先准确确定。所以，这类项目需要有相当大的耐力储备，一方面由于带有大量极限强度动作，如加速移动、进攻、打击等，对无氧供能体系提出相当高的要求；另一方面，由于积极的动作与相应的间歇交替进行，并且总负荷量很大，所以对有氧供能体系又有很高的要求。

发展耐力素质的练习可以通过以下方式进行。①1500m跑。②规定时间或规定数量的连续击球练习。③多种击球的组合练习。一是在教练配合下的前场球与侧墙球的组合练习，球员先在前场打了一个前场球给教练后，迅速跑向后场接教练打出的高吊球，并且用侧墙球的方法将球击回教练处，然后再跑到前场接教练的前场球，如此往复。二是直线球与后墙高吊球的组合练习，球员在前场先打一个过场直线球，然后迅速跑到后场接撞在后墙的反弹球，面向后墙再打一个后墙的高吊球，然后转身跑向前墙接撞在前墙上的反弹球，再打过场直线球。如此往复。

三、练好壁球的方法

（一）壁球的练习步骤

壁球练习有其自身的规律性，初学者在开始学习打壁球时遇到的第一个问题往往是球的弹性问题。起初会发现球不是想象中弹得那样高（即使是用蓝点球），所以学习壁球首先要熟悉球性，进行球感练习，了解球的反弹特性。其次要养成良好的基本姿势，包括正确的握拍、挥拍和准备姿势。再次掌握正手击球、反手击球这两种基本击球方式，在此基础上再学习各种击球方法，包括发球、接发球、直击球、侧击球、前场球、截击球和高吊球。最后学习球场上的移动，并结合学习各种击球的组合打法，掌握一定数量的壁球战术。

（二）从易到难，练好基本功

在学习打壁球时，应遵循从易到难、循序渐进的原则。开始学习时应选择弹性较大的球，自己对着墙练习击球。初学者应先从正手击球开始，练习打前场的地板反弹球，然后慢慢向后退，逐渐加大击球力量，熟练后再练习反手击球和正反手交替击球。

在学习一个新动作时，应首先注意动作要点，而不是注意技术动作的每一个细节，掌握了动作要点，才能做好整个动作。学习时可采用先做模仿练习和徒手挥拍练习的方式，然后自己"喂"球，等球从地板反弹后，再将球击出。

在需要教练"喂"球的击球练习时，开始时教练可先采用手抛球的方式"喂"，然后再使用球拍"喂"出速度较慢、弧度较大的直线球，最后逐渐过渡到接近实战的"喂"球。

打好基础是练好壁球的关键，所以平时要苦练基本功，并且要善于结合实战的需要，有针对性地练习。在全面掌握技术的基础上要善于突出优势，形成独特的技战术风格，还要善于开动脑筋，不断地创新以形成绝招。

第七章 壁球运动战术与比赛规则

第一节 壁球单打比赛战术

一、壁球单打的发球战术

在壁球比赛中，如果想要得分，那么必须掌握发球权，所以壁球运动员会奋力争取发球的机会，争取通过发球直接得分，如果不能通过发球造成对方失误，那么也要力求让对方回球困难，这有利于发球者下一次的进攻。以下将会介绍主要的发球战术，以了解壁球运动发球获胜的一些基本方法。

（一）运用自己最擅长的发球技术

在比赛刚开始时，发球者应该使用自己最擅长的发球方法，这有利于发球者直接得分，或者有利于发球者控场。如果发球者比较擅长发平快球，那么首先就应该发平快球；如果发球者发半高球的技术比较好，那么应该发半高球；如果发球者使用某种技术能够接连取得分数，那么应该继续使用。但是，如果对方能够轻松应对这种发球方式或者能够逐渐适应发球者的某一种发球方式，那么发球者应该及时更换发球方式。

（二）善于随机应变

发球方式的变化主要有两种。首先是发球者主动更换发球技术，这种策略能够让对方保持紧张的比赛状态，能让对方有更少的时间对球做出反应，发球者的主动能让对方变得被动，发球者将始终掌控比赛的节奏，其次是被动变换发球技术，这指的是如果对方能够适应自己的发球方法，能够完全自如地应对自己的发球方法或者发球者使用某种方法经常失误时，那么发球者应该更换发球技术。

在比赛中，除了改变发球方式之外，还可以通过控制发球速度、发球路线、发球角度让对方猝不及防，使对方产生失误。举例来说，可以将普通的平快球慢一点地打出去，也可以将普通的高球快一点地打出去，还可以经常更换折线球的发球高度、发球速度。在真正的比赛中，需要发球者灵活运用各种发球技术，让对方处于被动的状态，而自己能始终掌控比赛节奏。

（三）攻击对方的弱点

在打几个回合之后，比赛双方会明显地发现对方的弱点，这个时候一定要抓住机会攻击对方的弱点。如果对方的弱点不易发现，那么发球者应该多变换发球方式，找出对方的弱点，然后及时攻击。通常情况下，反手方向的接球都会弱于正手方向，所以，可以先攻击接球者的反手。除此之外，运动员普遍表现出不擅长接平快球，也可以利用这一点。实际比赛过程中，不同的运动员有不同的弱点，所以一定要灵活观察，及时出击。

在比赛中，如果自己的优点刚好是对方的弱点，那么将会是最有力的形势，但是实际比赛中，弱点和优点之间的匹配并不总会有利于发球者，所以发球者必须要学会灵活多变地运用发球战术。

二、壁球单打接发球战术

接发球对于壁球运动而言非常重要，如果不能掌握接发球的技巧，那么运动员会陷于被动的形势中。相反，如果能够熟练地运用接发球技巧，那么可能会造成发球者的紧张或者失误，有利于接球者重新掌握发球权。

接发球的技巧比较难以掌握，因为发球者有足够的时间发球，能够选择发球位置，还可以选择自己擅长的发球方式，而接发球者则要运用自己的观察力精准地判断发球方向，并快速移动到回球位置，所以相比而言，接发球者是被动的。通常情况下接发球可以使用以下几种战术策略。

（一）善于观察判断，迅速移动到位

接发球战术的根本是要根据发球者发球时的动作判断球的具体走向。如果判断正确，则接发球者就有更多的时间移动到回球位置；如果判断失误或者观察不足，那么接发球者的反应时间会大大减少，会让自己处于被动地位，回球能力会明显变弱。

观察发球者主要观察的是他的发球位置、抛球的高低、挥拍的速度，在此基础上，还要结合对手的发球习惯来判断球的具体走向、掉落位置，一般情况下，如果发球者处于中间位置，那么可能会发出平快球、半高球或者高球；如果发球者站在中间位置的一侧，那么他可能会发折线球；如果发球者挥拍的速度比较快，那么他发出的球应该是平快球；如果发球者挥拍的速度比较慢，

那么他发出的球很大概率会是高球或半高球；如果球击打在前壁较高的位置，那么应该是发高球；如果球击打在前壁较低的位置，那么发出的球一般是平快球。接球者在具体的比赛中应该综合各种因素展开判断。

在做出具体的判断之后，接球者应该迅速地到达接球位置，移动过程既要快速又要准确，要保证自己能够及时地移动到回球位置上，这样有利于接球者掌握比赛的主动权。

（二）合理运用主动进攻，迫使对方失误

主动进攻策略指的是如果接球者遇到了接球的好机会，那么应该选择攻击性的接球技术，使对方处于回球软弱的状态，让自己获得下次击球的机会。如果接球者主动进攻，那么发球者会感受到更大的压力，容易造成发球者的失误。

遇到如下情况应该主动进攻：对手把球发到接球者的正手边，接球者占据了良好的回球位置，发球者发球能力较弱；接球者能够使用攻击性技术，如果接球者主动进攻，那么发出的球主要是杀球和远球；如果接球者遇到了能打出杀球的机会，那么应该立即将球打死。但是，如果接球者没有强硬的杀球技术，那么应该发远球，让对方来不及移动到回球位置，或者让对方处于回球软弱的状态。虽然不能将球直接杀死，但是能够掌控球路，可以给对手造成一定的威胁。

通常情况下，接球者都是防守的，但是如果遇到能主动进攻的机会，那么应该及时进攻，重新掌握比赛的主动权。

（三）以守为攻，等待最佳时机

以守为攻策略指的是如果接球者没有占据良好的位置，也没

第七章 壁球运动战术与比赛规则 <<<

有掌握良好的时机，那么应该首先选择防守性的技术，主要目的是把球击打回去，最好是能够将球击打到对方的反手侧，降低对方的回球能力。这样虽然不能主动进攻，但是可以为接下来的主动进攻创造机会。这样以守为攻的策略最大的优点就是不会让自己丢球。

以守为攻策略使用的具体时机如下：发球者使用大力发平快球，接球者处于不利于回球的位置，接球者攻击性能力不强或者出现接球失误，发球者占据较好的发球位置。一般情况下，使用这种策略主要是打出高球、顶棚球、折线球、绕场球等，将球打到比赛场地后场部分，降低发球者的攻击能力，如果接球者既不能占据良好的位置，也没有抓住回球的最好时机，那么应该尽力先将球打回去，以等待下次回球机会。

（四）攻击发球者的弱点

攻击发球者的弱点策略指的是接球者在将球打回去的时候，要选择对方的弱点，针对对方的弱点回球，让对方不能发挥长处打球，这样接球者就获得了下一轮的进攻机会。这种攻打弱点的策略能够让发球者紧张心虚，能够有效降低发球者的发球成功率。

攻击发球者的弱点时接球者可以使用如下方法：将球打到对方的反手边，这是因为通常情况下反手回球能力要比正手弱；将球击到后场的角落中，在后场能够有效地避免对方使用杀球技术，因为后场回球本身就很困难，杀球就更困难；可以找寻发球者本人的弱点，比如速度方面、位置方面、球技方面的不足，如果发现了对手的弱点，则应该及时出击，穷追猛打。

三、壁球单打对打战术

（一）抢占最佳击球位置，调动对手

在壁球比赛中，无论是发球者还是接球者都会去争抢最好的击球位置。好的位置能够让球有更强的攻击性，在让自己抢占最佳位置时还要尽力地将对方调到不利的位置上，这会增加对方击球的难度，使对方处于弱势状态，甚至可以说好位置就等同于壁球运动员的主动权。

对于位置的争夺主要是把对手调到不好的位置，而让对手的能力水平无法发挥。调动对手位置的方法主要如下：首先，发高球将对手调到场地后面，然后再发短球把对手调到场地前面，让对手始终处于前后奔跑的状态；其次，可以发远球将对手调到场地的两侧；最后，可以发高球将对手调到场地的两个角落中，在这个过程中需要注意的是击球者一定要每次都重新回到场地的中心位置。

如果对手具备很强的中场攻击能力，那么应该选择长吊短打的方法或者两面攻击的策略，让对手远离中心位置，这种方法也适合攻击体力不佳的对手，因为前后奔跑能够消耗对手大量的体力，体力不支就会出现失误。

（二）主动进攻

比赛中的主动进攻指的是比赛双方应该尽力抓住机会、制造机会，让自己能够使用进攻性的技术以直接获得分数，或者直接让对方处于弱势状态，为自己下一次的进攻创造良好的机会。

主动进攻对运动员是有要求的，运动员应该具备进攻能力，掌握进攻技术，而且要善于观察、抓住时机，主动进攻能够给对

手造成气势上的压力，会让对手心虚。需要注意的是，主动进攻的方法适合攻击和自己能力差不多或者比自己能力差的对手，如果对手的实力比自己要强很多，那么主动攻击的方法能发挥的效果有限。

（三）灵活多变

在对打过程中，灵活多变主要有以下意义：首先，如果比赛前设定好的比赛策略无法发挥作用或者比赛发挥失常，那么灵活多变可以让自己更加适应比赛；其次，如果对手接连得分，那么灵活多变地更换打法能够有效地降低对方的气势；最后，经常变换打法能够让对方处于紧张状态，有利于自己掌握比赛的主动权。

（四）以强攻弱

在对打的过程中，应该尽量利用自己的优点攻击对手的弱点，这就要求运动员在多个方面占据优势。首先应该了解对方的弱点，这可以通过观察对方以往的比赛或者咨询以往和对手交过手的运动员。除此之外，还可以临场观察，在自己和对手对打的过程中寻找对手的缺点，如果缺点不明显，那么运动员可以主动变换打球技术，迫使对方显露弱点。

（五）积极防守

积极防守的意义主要有两个：一是如果自己处于劣势状态，那么防御技术能够让自己把球发到不利于对方回球的位置上，从而降低对方的回球能力，为自己创造进攻机会；二是遇到强劲对手时，防御性技术能够让自己和对手维持对抗状态，能够消耗对方的体力,有利于自己寻找对方的弱点和错误,展开攻击。

四、对不同打法运动员的应对策略

第一,兔子型打法。这种打法顾名思义就是运动员移动速度快,能够有效及时地将球打回去,针对这样的对手应该主动降低发球速度,经常发高球让对手无法发挥出快速移动的长处。除此之外,兔子型打法虽然速度快,但是回球技能可能掌握较弱,因此可以针对这个弱点展开攻击。

第二,长颈鹿打法。这种打法指的是运动员一般体型高大,手脚比较长,能够有效拦截各种方向的球。针对这样的运动员,首先应该尽量发高球和远球,把对方调到场地的后面角落中,然后再打短球让对方跑到场地的前面,这是因为身材高大的选手一般移动速度都比较慢。除此之外,还可以发大力的快球,并且让球无限靠近运动员的身体,这是因为运动员手长脚长非常容易接远球,但是接近球比较不方便,能够有效地降低对手的攻击性。第三,懒汉打法。顾名思义是运动员不太愿意移动,但是这类运动员非常善于抓住机会发挥他们卓越的控球能力,面对这样的对手时,首先应该使用长吊短打的技术,让其移动;其次,应该避免给对手控球的机会,应该将球打得比较高或者比较低或者将球打向角落,这些都能够降低对手的攻击力。

第四,警犬打法。这类打法指的是运动员擅长打快球、猛球、低球,而且经常使用大力杀球,面对这样的对手首先应该尽量地打高球、慢球,不给对手发挥优势的机会;其次,可以将球打进后场的角落,让对手没有发挥力气的空间;最后,可以将球打向对手的身侧,尤其是胸部、头部的位置,让对手回球处于被动状态。

第五,黏糊球打法。这种打法的特点是速度慢、防守性强、攻击性弱，面对这样的对手就要以快制慢，打破他的防守，让其出现失误。

第二节 壁球双打比赛战术

一、壁球双打的站位分工

以前在双打比赛中，防守是由一个人来完成的，现在由两名球员共同防守。因此，在比赛过程中，应该合理分配每个人的职责范围，可以充分利用双方的最大优势取得比赛的胜利。

（一）发球、接发球的站位

发球方的站位很重要，发球人在发球时应该站在发球区的中央，而队友则根据发球人的意图站在双打发球区两侧中的一个区域。如果发球者从左后角发出了球，则队友应该位于发球者的右侧；如果发球者从右后角发出了球，则队友应该位于发球者的左侧。此位置可以防止球击中自己的队友，并且可以减少球返回时对手击中队员的可能性。

接球方的站位同样很重要，接发球一方站立的位置不能超过接球线，彼此平行站立，各自负责一方区域，一个负责左侧区域，另一个负责右侧区域。根据具体情况来决定各自应该站在哪个区域。如果一个人用右手击球，而另一个人用左手击球，则前者站在右侧，而后者站在左侧。除此之外，还可以根据各自的擅长点来决定站位。如果一方右侧发球的力量强于左侧区域，则该人应位于右侧区域。这可以让对手改变原先制定的发球方向，同时增加得分的机会。

（二）对打的站位

接到发球后，双方开始互相对打。此时，存在三种基本形式的站位：第一种是前后站位，第二种是左右站位，第三种是斜站位。

当处于前后站位时，一个人站在前发球线的位置附近，他的队友站在后场。这种打法非常具有侵略性，它的风格是前封后打。这种站位方式更适合擅长进攻的队伍。另外，如果某支球队的球员不擅长奔跑，但该球员后场很强，他的搭档又擅长奔跑，并且前场进攻很强，则也应使用前后站位的方式。

左右站立时，两个人都站在发球线的后面。这个位置的特点是后场的进攻和防守能力强，前场的防守能力要强于进攻。当对手具有强大的进攻能力，或当对手对于后场的两个角都有把握时，应使用左右站立方式。

斜站位是对角切开场地视野，一个是负责前三角形的人，另一个是负责后三角形的人。这种站位方式结合了上面两种站位的优点，可以兼顾进攻和防守，并且彼此轮换也很方便。斜站位与前后站位有着相似的特点。

虽然同一队伍中的队员有着不同的分工，每个队员负责一个特定区域，但是这个区域在比赛中随时都会更改。因此，在比赛中不应该局限于形式，而应该根据比赛的时机进行灵活的调整，并且根据分工相互配合，在考虑整体情况后，根据情况迅速调整位置。

二、壁球双打发球战术

（一）充分发挥自己的优势

双打要利用团队的最佳优势来创造自己队得分的机会，或者让对手处于被动状态。如果队伍中的发球人员更擅长的方式是平快球，则应在比赛初期积极使用这种发球方式，以强大的势力给敌人造成心理压力。同时，当对手将球打回时，应该积极准备再次发动进攻，让对手措手不及，队员也应该做好准备去填补空缺，同行之间的协作是确保比赛成功的重要因素。

（二）专攻弱者

通常，两个对手总是一方相对较强，而另一方却没这么强，发球方必须将主要攻击点放在对手较弱的人员上，并尽力避免给较弱的人休息的机会，这会使其心理压力增大，然后犯下错误，从而阻碍对方的合作。

（三）善于变化发球方式

通常，接球者喜欢对手有特定的套路，因为适应之后会减少错误。因此，必须善于通过不同方法、不同路线、不同力量、不同高度的形式去发球。这样，对手会因为摸不着套路而紧张。当对手一直处于紧张状态时，就容易出错。

三、壁球双打接发球战术

首先，合理分配队员的站位。接到球时，接收方必须根据球队的实力分配位置。例如，左侧位置应该留给左手握拍者，右手站立应该留给右手握拍者。两者之间应该有一个具有强势力量的接球手，让他站在左侧，在对手发球以后削弱对方发球的威胁。接球位置必须随时轮换，具体取决于对方队的发球方式。

其次，攻击对方的弱点。在比赛过程中，有许多攻击弱点的方法。一是将球向对方实力较弱的球员发去，然后让他接球。二是在对手处于不利位置时将球发给他，让他在没有做好准备时急忙将球击回。三是向对方的反手和对方的角球区域发球。四是攻击对方的弱点，例如让慢的对手回快球，让不擅长奔跑的对手奔跑去接球，让站在前场的对手回到后场去打球等。

再者，找到空当的机会。双打的独特之处在于，两个守卫者各自守卫一个区域并承担明确的责任。当出现空当球时，两个人要么认为对方会去接球，要么会与对方一起接球，或者在接球过程中会因为同伴而停下来。空当球很难将球固定到位，从而让对手的队形变乱。

最后，进攻应该果断坚决，防守应该积极。如果对手发球的时候没有显出强势的力量，或者发球的位置和时机不佳，则接球手必须大胆进攻，以使对手获得比赛的主动权。同伴还需要根据情况不断发动进攻，或者积极弥补漏洞。如果对手的发球有力，位置良好并且无法找到主动进攻的机会，则需要积极主动地防御，将球往后场的角落打，以减慢敌人的进攻，给自己队伍争取更多的时间，等待攻击机会的出现。

四、壁球双打对打战术

（一）攻打弱点

对打时，必须首先找到对手的弱点，发动关键攻击并尽快取得胜利。对抗弱点包括针对对手的弱点下手，针对对手的反手进行攻击，朝后场的角落进行击球，常打对手不擅长接的球。如果发现对手找到了弥补这些弱点的方式，则可以攻击其新的弱点。例如，在击败对方队伍中的弱者后，对方队伍中的强者肯定会更靠近弱者来防止漏洞的出现，这样会消耗对方队伍强者的精力，可以发动长吊短抽战术。

（二）调动对手

当看到对手明确了各自的位置和分工后，应该尽力让他离开原来的防御区。这可以让他们的整体防御线遭到破坏，无法建立牢固的防御阵地，然后打对手一个措手不及。动员对手的最佳方法是使用"四方球"，混淆他们的防守线，这能提高获胜概率。

（三）攻守兼备

只要有机会进攻，就不要犹豫。在发起大胆进攻后，就有机会获得主动，从而将对手置于被动位置。如果机会不多，则必须积极防守，让对手难以回球，从而减少对手制造的攻击，并努力寻求进攻的机会。例如，当对手的攻击非常猛烈时，就不要直接面对对方的攻击，而要在后场的边缘击中球，这样对手会失去进攻的位置。这意味着不要给对手提供进攻的位置或机会，以削弱对手的力量。

（四）积极变化，掌握主动权

在比赛过程中，最重要的是掌握比赛的主动权，谁掌握了比赛的主动权，谁就有更大的概率获得比赛的胜利。掌握主动权的方法是积极改变自己的打法，让对手摸不着头脑。例如，当对手打得很快时，则不要跟随得太快，用高吊球放慢速度，然后让对手跟随自己的节奏；当对手喜欢黏球时，则需要使用平快球来应对；如果对手擅长防守一个区域，则可以使用长短球来让对手不断移动，或者使用折线球来干扰防守，然后在混乱中找到机会从而获胜。

（五）同队同心协力

在双打比赛中，同一支球队中的两名球员必须共同努力，以充分利用球队的优势来取得胜利。要实现这一点，必须遵循几个原则。首先，要将团队的利益放到首要位置。其次，应对队员多加鼓励，帮助他们找到不足之处并加以弥补，减轻心理负担以积极心态应对比赛。最后，在比赛之前，需要共同制定比赛的规则并在合作过程中逐渐完善。

第三节 壁球运动的单打规则

在2013年10月23日世界壁球联合会的年度大会上通过了《壁球单打规则2014》的修订本，并且决定该修订本从2014年1月1日开始生效，作为壁球比赛的基本规则之一。具体内容如下：

一、比赛

（1）壁球单打比赛是由两名球员在球场内使用球拍击打球进行的。球场、球拍与球必须符合世壁联（WSF）的规格。

（2）每个回合以发球开启，球员依次回击球，直到回合结束（参见第 6 条规则：比赛过程）。

（3）比赛对打应当尽可能地连续不断。

二、计分方法

（1）回合的胜方得 1 分并拥有下一轮回合的发球权。

（2）每局应打到 11 分，但分数打到 10 平的时候，比赛应继续到一方球员领先 2 分为止。

（3）比赛一般采用五局三胜制，但也可以采用三局两胜制。

三、执裁官员

（1）一场比赛通常应当由一名记分员和一名裁判员执裁，双方都应该记录比分、发球方和准确的发球区。

（2）如果只有一名执裁官员，那么其将同时承担记分员及裁判员的职责。球员可以向该执裁官员（作为裁判）上诉同一名执裁官员（作为记分员）所报出或未报出的叫令。

（3）执裁官员应坐在后墙的后方中间，尽量接近后墙并稍微高于界外线。

（4）另一种可选的裁判制称为三裁判制度。

（5）执裁官员要尽可能使用姓氏称呼球员。

（6）记分员：①应该宣布比赛，引入每一局并宣布每一局比赛结果。②应该恰当使用"犯规""低球""出界""死球"或"停止"的叫令。③如果对发球或者回击球不能肯定，不应该发出叫令。④在回合结束时，应该无延迟地报出比分。发球方的比分在前，在有交换发球权的时候还要首先报出"换发球"。⑤应该重复裁判员在球员和球后所作出的判定，然后报出比分。⑥在球员对记分员所报出或未报出的叫令上诉之后，应该等待裁判员的判定，然后报比分。⑦当一方球员只需要得1分就赢得本局时，应该宣布"局点"。当球员只需要得1分就赢得整场比赛时，应该宣布"赛点"。⑧比赛中首次打到10平的时候，应该报出"10平，净胜2分者获胜"。

（7）裁判员，其判定是最终的。①如果场地情况不满足条件，应该推迟比赛开始，或者暂停已在进行的比赛。在比赛恢复进行的时候，应该保留暂停之前的比分。②当发生对回合进行有影响的场地条件变化且非球员的错误时，应该予以"和球"。③当对手没有在比赛规定的时间内进入场地时，可以判定到场的球员获胜。④应该裁定一切事项，包括全部"和球"的请予以及对记分员的报出或未报出叫令的上诉。⑤当对记分员报出或未报出的叫令有异议时，应该立即裁定，若有必要，暂停对打。⑥当记分员宣布的比分有误时，应该立即更正，若有必要，暂停对打。⑦应该执行有关时间管理的一切规定，恰当地宣布"15s""时间过半"以及"时间到"等。球员有责任留在场地足以靠近的范围，以便听到上述宣布。⑧当球触及任一球员时，应该恰当裁定。⑨当对于因记分员报出或未报出叫令的上诉无法作出判定时，可以予以"和球"。⑩当无法确定球员请予和球或上诉的原因时，应该要求球员解释。⑪对于裁决可以给予解释。⑫应该以响亮的声音宣布一切裁决，以便球员、记分员以及观众能够听到。⑬当球员有不可接受的行为时，应该应用第十五条规则（球员行为）。⑭当球员之外的任何人有着扰乱性或冒犯性行为的时候，应当暂停比赛，直到上述行为结束，或者冒犯者离开场地。

四、热球准备

（1）在比赛开始的时候，双方球员进入场地一起进行时间不

第七章 壁球运动战术与比赛规则 <<<

得超过5min的热球准备。在热球准备进行了一半时，双方球员应当交换场地方位，除非已经交换过。

（2）双方球员应当有平等机会击球。如果一方球员控制球的时间不合理地过长，则属于不公平热球准备，应该应用第十五条规则（球员行为）。

五、发球

（1）通过转球拍抽签决定第一次的发球权。

（2）在每局的开启时以及每次换发球后，发球方决定从哪边的发球格发球。保留发球权的时候，发球方应该每次发球时均交换发球格。

（3）如果一次回合以和球结束，则发球方应当从同个发球格发球。

（4）如果发球方在发球时选错发球格，或者双方球员都不确定哪一个是正确的发球格，则记分员应当告知正确的发球格。

（5）如果对于正确发球格有争议，裁判应该裁定。

（6）记分员报分之后，双方球员应该开始对打，并且不可无故拖延，但发球方不应该在接发球方未准备好前发球。

（7）如果符合全部以下条件，则发球有效：①发球方从手上或者从球拍上放出球，然后在球触及任何其他事物之前正确地首次或多次试图击球；②发球方在击打球时，有一只脚的任何部位接触到发球格内的地板，而这只脚的任何部位都没有接触到发球格线；③球直接击到发球线与界外线之间的前墙，但不在同一个时间碰到前墙和侧墙；④除非被接发球方截击，球在地板上的首次落地处在与发球格相对的1/4场地内，且没有触到任何界限；⑤球没有被发出界。

（8）如果不符合本规则第(7)条的所有条件,则属于发球犯规,接发球方赢得该回合。发球时如果球触及发球线、短线、半场线或任何一条界外线均为发球犯规。

（9）如果发球方在放出或扔出球后未试图击球,则不视为发球,发球方可以重新发球。

（10）当接发球方未准备好接发球,且没有试图接球时,应当予以和球;当该发球犯规时,则发球方输掉该回合。

（11）如发球方从错误的发球格发球,并赢得该回合,则该回合的结果有效,并且发球方将交换发球格进行下一个发球。

（12）发球方在记分员报分之后方可发球。记分员不得拖延报分。如果发球方在记分员未报完分时就发球,裁判应该暂停对打,并告知发球方应当等记分员报分完之后再发球。

六、比赛过程

（1）在有效发球之后,双方球员进行对打直至一方未能有效回球,或者请予和球或上诉,或者执裁官员报出叫令,或者球触及任一球员或其衣服或非击球方的球拍。

（2）如果符合全部以下条件,则回击球有效:①在地板上弹两次之前,球被正确地击打;②在没有先触及任一球员,或其衣着、地板,球直接或者在弹到任一墙面之后打到前墙的底界线与界外线之间范围;③从前墙弹回时没有碰到底界线;④没有出界。

七、间隔时间

（1）在热球准备结束和比赛首局之间,以及在比赛各局之间均有不超过90s的休息间隔时间。

（2）球员应该在间隔时间结束时准备好继续比赛。在双方球员都同意时，比赛可以在间隔时间结束后继续进行。

（3）如果一方球员向裁判合理表明有必要更换装备、衣服或球鞋时，该球员可以离场，尽快完成更换，更换时间不得超过90s，否则裁判应依照本规则第十五条（球员行为）处理。

（4）如果一方球员受伤、患病或不具备比赛能力，则裁判应依照本规则第十四条（受伤）处理。

（5）运动员可以在任何的比赛间隔时间进行场地击球练习。

八、队员间的妨碍避免

（1）在完成一个合理的随挥动作之后，球员应该尽力让开，以便在球从前墙弹回时，对手得到：①对前墙回弹球的适当的视野；②畅通无阻到球的直接通道；③足以为击球做出一个合理挥拍动作的空间；④将球击到前墙任何部位的自由。如果球员不给予对手以上述全部条件，则发生妨碍。

（2）当击球方认为发生妨碍时，可以停止对打并请予和球，最好通过说出"请予和球"。该请求应当马上提出，不应有无故的拖延。

（3）裁判如果不确定请求的理由，应当要求球员作出解释。

（4）在未出现请求的情况下，如有必要，裁判也可以予以和球，或者判得胜球，特别是涉及安全的理由。

（5）在击球方击球之后，对手请予和球，但是球原来是低球或者出界时，对手赢得该回合。

（6）总的要求。以下要求适用于一切形式的妨碍：①如果没有发生妨碍，同时不存在合理担心受伤的情形，应当判定"不予和球"；②如果发生妨碍，但是击球方原来无法打出有效回球，应当判定"不予和球"；③如果击球方原来越过妨碍处继续打球，然后请予和球，应当判定"不予和球"；④如果发生妨碍，但是妨碍的程度不足以阻止击球方看见球、达到球处以及打出一个有效回球，视为微小妨碍，应当判定"不予和球"；⑤如果击球方原来能够打出一个有效回球，但是对手没有尽力试图避免妨碍，应当判得胜球予击球方；⑥如果发生妨碍，对手尽力试图避免，并且击球方原来能够打出一个有效回球，应当判定予以和球；⑦如果发生妨碍，并且击球方原来可以打出一个准胜回球，应当判得胜球予击球方。

（7）适当的视线。适当的视线指有足够时间看到球从前墙弹回以及做击球准备。当击球方因对于从前墙弹回的球缺乏适当的视线而请予和球时，第（6）条的要求也都适用。

（8）直接通道。如果击球方因缺乏到球处的直接通道，应该做如下处理：①如果发生妨碍，但是击球方没有尽力尝试到达球位并击球，则判定不予和球；②如果击球方本来有直接通道，但是采取非直接路线到达球位而请予和球，则判定不予和球，除非下一条规则适用；③如果击球方出现错误的起步，但是明显有能力补回且打出一个有效回球，然而遇到妨碍，则应当判定和球，除非击球方原来能够打出一个准胜回球，则应当判得胜球予击球方。

（9）挥拍。一次合理挥拍包括合理引拍动作、击球以及合理随挥动作。击球方的引拍和随挥如果不过多地伸展手臂属于合理挥拍。当击球方因对挥拍妨碍而请予和球，应该作出如下处理：①如果挥拍因轻微接触对手而受到影响，而且对手尽力试图避免妨碍，则应该予以和球，但如果击球方原来能够打出一个准胜回球，则应判得胜球予击球方；②如果挥拍因碰到对手而受到阻止，应判得胜球予击球方，尽管对手尽力试图避免妨碍。

（10）过多的挥拍。①如果妨碍是击球方因过多挥拍导致的，应该判定不予和球。②如果发生妨碍，但是击球方为了判得胜球而夸张了挥拍，则应判定和球。③击球方的过多挥拍有可能促成对手在轮到他击球时受到妨碍，在这种情况下该对手可以请予和球。

（11）将球击到前墙任何部位的自由。如果击球方因为前墙妨碍而停止击球并请予和球，则须分情况处理：①如果发生妨碍而且球在直接飞到前墙的路线中原来会触及非击球方，应该判得胜球予击球方，但如果击球方转身了或者试图再次击球，则应判定和球；②如果球原来会先触及非击球方，然后在打到前墙前先弹到侧墙上，则应判定和球，但如果该回球原来属于准胜回球，则应判得胜球予击球方；③如果球原来会先弹到侧墙上，然后在打到前墙前先触及非击球方，则应判定和球，但如果该回球原来属于准胜回球，则应判得胜球予击球方。

（12）再试击球。如果击球方在再次试图击球时，因妨碍而请予和球，并且原来能够打出有效回球，则如果非击球方没有足够时间避免妨碍，则应判定和球。

（13）转身。转身是指无论球员是否实际转了身，球在球员击打或准备击打之前，先越过球员身体一边，然后从球员身体另一边弹回。如果球员发生转身情形时受到妨碍，并且其原来能够打出有效回球，则分为四种情况：①如果挥拍被阻止，尽管对手原来尽力避免妨碍，应判得胜球予击球方；②如果非击球方没有足够时间避免妨碍，则应判定和球；③如果击球方原来可以不转身而回击球，但是为了产生请予和球的机会而转身，应判定不予和球；④在击球方转身的时候，裁判应该思考是否存在危险动作的情形，并依此裁决。

九、球触及球员

（1）如果球飞往前墙途中触及非击球方或他的球拍，应停止对打，然后根据具体情况进行处理。①如果原来没有打出一个有效回球，则非击球方赢得该回合。②如果原来回球会直接打到前墙，并且击球方又不属于多次试图击球且没有转身，则应判得胜球予击球方。③如果球在打到前墙之前已弹到或者原来会弹到侧墙或后墙，并且击球方没有转身，应判定和球。但如果原来打出了一个准胜回球，则应判得胜球予击球方。④如果击球方没有转身，但是正在再次试图击球，则应判定和球。⑤如果击球方转身了，则应判得胜球予非击球方。但如果非击球方有意做出拦截球的动作，则应判得胜球予击球方。

（2）如果球从前墙回弹后，在第二次弹到地上之前触及一方球员，应停止对打，然后据实处理。①如果在击球方试图击球前球触及非击球方或他的球拍，并且没有发生妨碍，则击球方赢得该回合。但如果击球方的位置引起非击球方被球触及，则应判定和球。②如果在击球方已试图击球后触及非击球方或他的球拍，并且击球方原来还能够打出一个有效回球，则应该判定和球。但如果击球方原来已不能够打出有效回球，则非击球方赢得该回合。③如果在没有发生妨碍的情况下球触及击球方，则非击球方赢得该回合。如果发生妨碍，则需应用第八条规则（妨碍）。

（3）当击球方将球击到非击球方身上时，裁判应考虑是否存在危险动作的情形，并依此裁决。

十、上诉

（1）任一球员在回合当中可以停止对打并对记分员任一未报出的叫令提出上诉。上诉方应向裁判说："请求上诉。"

（2）回合的输方可以对记分员任一报出或未报出的叫令提出上诉。上诉方应向裁判说："请求上诉。"

第七章 壁球运动战术与比赛规则

（3）如果裁判不确定哪一个回击球被上诉，则应该要求解释。如果有多个上诉，裁判应全部裁决。

（4）发球之后，除了球被打坏之外，双方球员都不能对任何发生在发球之前的情形提出上诉。

（5）在一局结束时，任何有关最后回合的上诉应当立即提出。

（6）对于有关记分员报出或未报出的叫令的上诉裁判应该做出如下处理：①如果记分员的叫令或者没有叫令是正确的，则该回合原来的结果仍然有效；②如果记分员的叫令原来不正确，则判定和球，但如果记分员的叫令停止了一方球员的准胜回球，则该球员赢得回合；③如果记分员对无效发球或无效回击球未叫出叫令，则另一方球员赢得该回合；④如果裁判不能确定是否发球有效，则判定和球；⑤如果裁判不能确定是否回击球有效，则判定和球，但如果记分员的叫令停止了另一方球员的准胜回球，则该球员赢得回合。

（7）在一切情况下，裁判的裁决是最终的裁决。

十一、比赛用球

（1）如果在回合当中球被打坏，则予以和球。

（2）如果一方球员停止对打上诉球被打坏，然而球被检查到没有打坏，则上诉方输掉该回合。

（3）如果接发球方在试图接发球之前上诉球被打坏，然而球被检查到被打坏，而且裁判无法确定什么时候被打坏，则应判定上一个回合和球。

（4）球员要想在一局结束时上诉球被打坏，应当在离开场地前立即上诉。

（5）当双方球员同意要求更换球，或者裁判同意一方球员要求更换球的时候,应该更换球。

(6)如果球被更换,或者球员在暂停之后继续打球,可以进行热球准备。一旦双方球员同意或者裁判认为可以,就应该开启比赛对打。

(7)球应当在全部比赛时间中留在场地之内,除非裁判允许拿走。

(8)如果球卡在场地上,则予以和球。

(9)如果球触及场地内外来物体,则予以和球。

(10)如果发生异常弹回不予和球。

十二、分散注意力

(1)任一球员可以因发生分散注意力的情形而请予和球,然而该要求应该立即提出。

(2)如果分散注意力的情形是由一方球员产生的,则分为两种情况:①如果是意外产生的,应判定和球,但如果一方球员的准胜回球被停止,则该球员赢得回合;②如果是有意产生的,适用第十五条规定(球员行为)。

(3)如果分散注意力的情形不是球员产生的,则应判定和球,但如果一方球员的准胜回球被停止,则该球员赢得回合。

(4)在某些赛事的时候有可能观众在对打当中做出反应。为了维护观众的观赏乐趣,可以暂停使用第(3)条规定,如果观众因而发出噪声,则球员应当继续对打,并且裁判不向观众提出安静要求。然而当一方球员因为场地外边发生过于大声或者单一、突然的噪声而停止打球时,可以予以和球。

十三、物品掉落

（1）当一方球员掉下自己的球拍时可以捡起它并继续对打，除非球触及该掉落的球拍，或者其造成分散注意力，抑或裁判对球员采取行为处罚。

（2）如果击球方因为妨碍而掉下球拍，可以请予和球。

（3）如果非击球方在尽力打到球的过程中被击球方碰撞，并因此掉下自己的球拍，可以请予和球，并且适用第十二条规则（分散注意力）。

（4）如果在回合中任何物品掉到地上（球员球拍除外），应该停止对打，然后分情况进行处理。①如果该物品是在没有任何身体接触的情况下从一方球员的身上掉下的，则对手赢得该回合。②如果该物品因为跟对手发生身体接触而从一方球员身上掉下，则予以和球。但如果击球方本来可以打出一个准胜回球，或者击球方由于妨碍情形请予和球，则适用第八条规则（妨碍）。③如果该物品不是从球员身上掉下的，则予以和球，除非如果中断的是击球方的准胜回球，则应判定得胜球予击球方。如果该掉落物品一直到回合结束后才发现，并且没有影响回合的过程，则该回合的结果有效。

十四、患病、受伤与流血

（1）患病。①如果一方球员处于患病状态，并且不属于受伤或者流血的情况，如抽筋、恶意和哮喘等，则该球员必须立即决定是否继续比赛，球员可以放弃一局然后继续接下来的比赛，也可以就此放弃整场比赛。②如果一方球员在场地里呕吐，或者因其他行为导致场地不适合比赛，则该比赛对手获胜。

（2）受伤。受伤类别有以下几种：①自我产生的受伤：指受伤是因为球员自己的行为而产生的。这包括肌肉拉伤或扭伤，或者由于撞到墙上或跌到地上所引起的擦伤。球员获得3分钟时间恢复，之后如果还是无法继续打球，必须放弃一局并利用90秒局间休息时间恢复。只能将一局弃权。之后球员必须继续打球或者将整场比赛弃权。②共同产生的受伤：是指受伤由双方球员意外的共同行为而产生的。受伤球员获得15分钟时间恢复。裁判可以允许再延长15分钟恢复时间。如果受伤球员还是无法继续打球，则对手赢得整场比赛。受伤发生时回合的比分仍然保留。③对手产生的受伤：是指受伤由对手单方产生的。如果受伤是对手意外产生的，则应适用第十五条规则（球员行为）。之后如果球员还是无法继续打球，受伤方赢得整场比赛。如果受伤是由对手有意行为或危险动作产生的，并且受伤球员需要任何恢复时间，受伤方赢得整场比赛。如果受伤方可以不拖延地继续打球，还是应该适用第十五条规则（球员行为）。受伤的裁判包括：①如果不认可受伤是真实的，应要求球员决定立即继续打球，或者放弃一局并利用90秒间隔时间恢复，然后继续打球，或者将整场比赛弃权。只能放弃一局。②如果认可受伤是真实的，应该告诉双方球员该受伤属于哪类以及给予多长时间恢复。恢复时间只能在发生受伤时许可。③如果认可属于当场比赛已经发生受伤，应要求球员决定立即继续打球，或者放弃一局并利用90秒间隔时间，或者将整场比赛弃权。只能将一局弃权。备注：如果一方球员放弃一局，它已获得的比分仍然保留。

受伤方赢得整场比赛。如果受伤是由对手有意行为或危险动作产生的，并且受伤球员需要恢复时间，受伤方赢得整场比赛。如果受伤方可以不拖延地继续打球，还是应该适用第十五条规则（球员行为）。

（3）流血。①任何时候发生流血情况，必须暂停对打，流血球员要离开场地并进行治疗。只有在停止流血以后才能继续打球，并且若有可能伤口要被盖住。②如果流血是由对手意外行为引起的，则应适用第十五条规则（球员行为）。③如果流血是由对手有意行为或者危险动作引起的，则受伤球员赢得整场比赛。④如果一方球员在所许可的恢复时间内无法停止流血，则必须选择是放弃一局并利用90秒间隔时间然后继续打球，还是放弃整场比赛。⑤如果在对打当中重现血迹，也不享有更多恢复时间，流血球员只能放弃一局并利用90秒间隔时间进一步治疗。如果无法止血，则该球员必须放弃整场比赛。⑥场地应该擦干净，有血迹衣着应更换。

需要注意的是，受伤球员可以在被许可的恢复时间没有结束之前恢复打球，但是应该给双方球员足够时间准备恢复打球。任何情况下由受伤球员决定是否继续打球。

十五、球员行为

（1）球员必须遵守一切在本规则基础上有可能附加的赛事规定。

（2）球员不能将任何物品放置在场地区内。

（3）球员在一局没有结束前必须得到裁判同意才可离开场地。

（4）球员不能要求更换任何执裁官员。

（5）球员不能做出任何不公平、危险、对他人有害、无礼或者以任何方式有损于本运动项目的行为。

（6）当一方球员有不可接受的行为时，裁判应该处罚该球员，若有必要也可暂停对打。不可接受行为包括，但不限于以下方面：①可听到的或可看到的猥亵性举动；②口头的、身体的或者任何形式的辱骂或打击；③不必要的身体接触，包括推挤对手；④危险动作，包括过多地挥拍；⑤对执裁官员坚持异议；⑥妄用器材或者场地；⑦不公平热球准备；⑧拖延对打，包括延迟回到场地；⑨有意会导致对手分散注意力的行为；⑩在对打当中受到指导。

（7）根据违规行为的严重性，可以给予球员警告，或者处以"行为得胜球""行为得胜局"或"行为得胜赛"。

（8）如果一方球员重犯相同的违规行为，裁判可以再次予以警告，或处以得胜球、得胜局。但不能比前一次对相同的违规行为予以更轻的处罚。

（9）裁判在任何时候，包括热球准备时以及在比赛结束以后，都可以予以警告或者处罚。

（10）①当为了给予行为警告裁判暂停对打时，应该予以和球；②为了给予行为得胜球暂停对打，所判定的得胜球也成为该回合的结果；③在回合结束后予以得胜球，则回合的结果仍然有效，并另加得胜球的1分，但不因此交换发球格；④判定行为得胜局，则所判定的得胜局是正在进行的一局，如果不在进行一局当中，所判定的得胜局是下一局。在最后一种情况，不许再加90秒的间隔时间。⑤判定得胜局或得胜赛，违规球员保留全部已经获得的分数和赛局。

（11）当裁定任一行为处罚，裁判应该填好有关报告资料。

参考文献

[1] 乔铭，李晓汝.大学体育教育与学生心理健康教育的研究[J].福建茶叶，2020，42（04）：29.

[2] 殷和江.高校体育教学方法创新策略研究——基于体育课程改革背景下[J].黑龙江科学，2020，11（07）：108-109.

[3] 王佳茵.高校体育教学信息化建设与管理的实施策略研究[J].教育理论与实践，2020，40（06）：62-64.

[4] 李艳茹，崔洪成，齐辉.高校体育教师专业发展的困境与对策研究[J].西安体育学院学报，2020，37（01）：114-121.

[5] 展利民.大学体育与心理健康教育的融合探析[J].体育世界（学术版），2019（12）：164+172.

[6] 朱丽颖.壁球专项学生正手常见动作分析[J].体育风尚，2019（12）：257.

[7] 高小平，崔成前.高校体育文化育人功能与建设路径研究[J].江苏高教，2019（10）：97-101.

[8] 张凯鲜.关于大学体育训练中运动损伤的预防与分析[J].当代体育科技，2019，9（26）：23-24.

[9] 高延军.新时代高校体育教学方法的创新研究[J].当代体育科技，2019，9（20）：54-55.

[10] 张建新.大学体育教育对心理健康的影响[J].当代体育科技，2019，9（02）：238+240.

[11] 杨桂其,史传华,朱小军,顾燕冲.大学生体育运动损伤的预防与处理[J].体育世界(学术版),2018(11):176+171.

[12] 滕守峰.高校体育教学方法研究综述[J].辽宁高职学报,2018,20(10):70-71+109.

[13] 杜宁,汪雄,王梦.壁球运动价值与发展路径研究[J].体育文化导刊,2018(04):20-24+30.

[14] 赵丰超,曾秀君,易述鲜.壁球运动对大学生心理健康的影响研究[J].当代体育科技,2018,8(10):216+218.

[15] 肖尔盾."互联网+"背景下高校体育教学混合学习模式探索[J].中国电化教育,2017(10):123-129.

[16] 刘立新.体育大学生社会适应性特征对高校体育教学的启示[J].北京体育大学学报,2017,40(01):78-83+95.

[17] 陶伍建,胡玲瑛,彭军武.壁球比赛的计分方法与平分决胜研究[J].湖北体育科技,2016,35(12):1078-1079+1092.

[18] 张梅.体育锻炼对提高青少年心理健康及人际关系的影响研究[J].南京体育学院学报(社会科学版),2016,30(05):88-94.

[19] 程亚飞.普通高校体育工作综合评价研究[D].河南大学,2016.

[20] 杨玲,陈红刚,王伟明,宋经保.高校体育文化教育的保障机制[J].体育学刊,2016,23(03):116-122.

[21] 薛飞娟.高校体育教学中微课程设计研究[D].吉首大学,2015.

[22] 孙晋海.我国高校体育学学科发展战略研究[D].苏州大学,2015.

[23] 杨玲.高校体育文化"三位一体"教育模式构建[J].北京体育大学学报,2015,38(01):87-93.

[24] 杨辉.高校体育的困境与出路[J].体育学刊,2014,21(04):71-76.

[25] 马兰.大学生体育锻炼习惯与健康生活方式的调查[D].扬州大学,2014.

[26] 马金凤.我国高校体育教学改革探讨[J].山东体育学院学报,2014,30(02):105-109.

[27] 李春荣,王彦成,胡永南,李春生.构建普通高校体育理论课程教学体系的研究[J].北京体育大学学报,2014,37(02):96-101+106.

[28] 常辉,杨斌.我国壁球运动的发展研究[J].体育文化导刊,2014(01):82-84+27.

[29] 大为.壁球:复苏的城市运动[J].新民周刊,2013(43):76-77.

[30] 姚卫,李鹏飞,周楠.壁球运动科学开展策略探析[J].中国科技投资,2013(Z4):229.

[31] 刘华荣.新时期高校体育教师角色定位的再审视[J].体育与科学,2013,34(04):116-120.

[32] 万国华,宋军,杨小勇,王碧怡.大学生课外运动损伤的影响因素[J].体育学刊,2013,20(01):88-92.

[33] 何雅丽.大学生运动损伤原因分析及预防措施[J].山西中医学院学报,2012,13(06):61-62.

[34] 万芹,代会新.我国壁球赛事研究[J].体育文化导刊,2012(10):51-54.

[35] 崔艳艳.我国普通高校体育教学环境研究[D].河北师范大学,2012.

[36] 修晨,常胜欣,金昌龙.对壁球运动员的体能的探讨与训练方法[J].内江科技,2012,33(01):173+189.

[37] 虞力宏，汤国杰，高可清.高校体育教师职业认同与工作投入的关系研究[J].中国体育科技，2011，47（06）：136-141.

[38] 李澄波.壁球，一种优雅的运动[J].文体用品与科技，2010（07）：53.

[39] 颜喜乐.普通高校开设壁球课程的可行性分析[J].重庆科技学院学报（社会科学版），2010（04）：177-178.

[40] 杨旭东，陈振权.大学体育教学中的运动损伤及预防措施[J].沈阳建筑大学学报（社会科学版），2008（03）：382-384.

[41] 陈志军，张君其.高校体育理论与实践[M].苏州：苏州大学出版社，2011.

[42] 梁勇，王霖.壁球[M].北京：北京体育大学出版社，2000.

[43] 吴海宽，兴树森.壁球[M].长春：吉林出版集团有限责任公司，2008.

[44] 刘占捷.怎样打壁球[M].北京：北京体育大学出版社，2000.